BESTACTIVITYBOOKS.COM

PRIMERA EDICIÓN - 2022

Ilustración Gráfica Extra: www.freepik.com
Gracias a Alekksall, Starline, Pch.vector, Rawpixel.com, Vectorpocket, Dgim-studio, Upklyak, Macrovector, Stockgiu, Pikisuperstar & Freepik.com Designers

5 CONSEJOS PARA EMPEZAR

1) CÓMO RESOLVER LAS SOPA DE LETRAS

Los rompecabezas tienen un formato clásico:

- Las palabras se ocultan sin espacios ni guiones,...
- Orientación: Las palabras pueden escribirse hacia delante, hacia atrás, hacia arriba, hacia abajo o en diagonal (pueden estar invertidas).
- Las palabras pueden superponerse o cruzarse.

2) APRENDIZAJE ACTIVO

Junto a cada palabra hay un espacio para anotar la traducción. Para fomentar un aprendizaje activo, un **DICCIONARIO** al final de esta edición te permitirá comprobar y ampliar tus conocimientos. Busca y anota las traducciones, encuéntralas en el puzzle y añádelas a tu vocabulario!

3) MARCAR LAS PALABRAS

Puedes inventar tu propio sistema de marcado. ¿Quizás ya usas uno? También puedes, por ejemplo, marcar las palabras difíciles de encontrar con una cruz, las que te gustan con una estrella, las nuevas con un triángulo, las raras con un diamante, etc.

4) ESTRUCTURAR EL APRENDIZAJE

Esta edición ofrece un **CUADERNO DE NOTAS** muy práctico al final del libro. En vacaciones, de viaje o en casa, podrás organizar fácilmente tus nuevos conocimientos sin necesidad de un segundo cuaderno!

5) ¿HABÉIS TERMINADO TODAS LAS PARRILLAS?

En las últimas páginas de este libro, en la sección **DESAFÍO FINAL**, encontrarás un juego gratis!

¡Rápido y sencillo! Echa un vistazo a nuestra colección de libros de actividades para tu próximo momento de diversión y aprendizaje, ¡a sólo un clic de distancia!

Encuentre su próximo reto en:

BestActivityBooks.com/MiProximoLibro

En sus marcas, listos, ¡Ya!

¿Sabías que hay unas 7.000 lenguas diferentes en el mundo? Las palabras son preciosas.

Nos encantan los idiomas y hemos trabajado duro para crear libros de la más alta calidad para tí. ¿Nuestros ingredientes?

Una selección de temas adecuados para el aprendizaje, tres buenas porciones de entretenimiento, y luego añadimos una cucharada de palabras difíciles y una pizca de palabras raras. Los servimos con cariño y máxima diversión para que puedas resolver los mejores juegos de palabras y te diviertas aprendiendo!

Tu opinión es esencial. Puedes participar activamente en el éxito de este libro dejándonos un comentario. Nos encantaría saber qué es lo que más le ha gustado de esta edición.

Aquí hay un enlace rápido a tu página de pedidos:

BestBooksActivity.com/Opiniones50

Gracias por tu ayuda y diviértete!

Todo el equipo

1 - Agua

N	D	M	O	S	É	Z	Ö	T	N	Ö	A	D	C	L
Á	E	C	J	Z	J	Ő	U	M	O	N	S	Z	U	N
K	W	D	C	R	L	G	A	H	P	Y	R	D	E	M
I	P	L	V	N	S	B	Y	T	A	F	O	L	Y	Ó
R	Á	V	K	E	I	H	Z	I	J	N	U	C	E	H
R	R	J	I	Ő	S	E	D	Y	O	O	Y	G	A	F
U	O	P	Á	R	A	T	A	R	T	A	L	O	M	B
H	L	L	I	D	G	U	Ó	K	J	B	F	D	M	I
L	G	Z	Y	C	S	A	T	O	R	N	A	X	Ó	P
L	Á	Á	J	É	G	A	A	M	Í	Z	K	E	C	I
N	S	D	R	O	X	G	H	Á	Z	Z	T	W	E	B
H	U	M	C	V	I	I	I	L	J	J	Y	R	Á	H
O	D	E	S	Y	Í	T	B	L	E	O	E	V	N	O
N	H	O	S	Y	W	Z	C	U	G	W	T	Ó	P	G
B	D	Z	B	D	Y	L	A	H	X	W	G	V	Z	M

CSATORNA
ZUHANY
PÁROLGÁS
GEJZÍR
FAGY
JÉG
PÁRATARTALOM
HURRIKÁN
NEDVES
ÁRVÍZ
TÓ
ESŐ
MONSZUN
HÓ
ÓCEÁN
HULLÁMOK
IHATÓ
ÖNTÖZÉS
FOLYÓ
GŐZ

2 - Arqueología

T	É	R	T	É	K	E	L	É	S	V	K	F	V	I
K	E	G	I	O	B	J	E	K	T	U	M	O	K	S
P	U	M	S	Í	R	K	E	R	T	X	K	Y	P	M
I	C	T	P	R	F	S	R	E	J	N	O	R	R	E
V	Y	N	A	L	H	É	E	J	W	L	R	F	O	R
K	R	W	A	T	O	Z	K	T	P	U	S	C	F	E
X	J	I	D	V	Ó	M	L	É	N	O	Z	S	E	T
V	N	D	B	F	U	E	Y	L	K	Z	A	O	S	L
Ó	K	O	R	K	Y	L	E	Y	É	V	K	N	S	E
P	T	T	E	T	J	E	L	E	F	L	E	T	Z	N
S	Z	A	K	É	R	T	Ő	I	B	L	B	O	O	F
S	R	K	P	Y	S	K	X	I	H	L	E	K	R	G
T	T	O	Z	A	M	R	Á	Z	S	E	L	O	K	L
D	A	R	P	U	S	I	L	I	Z	S	S	O	F	R
P	D	E	Z	Ó	I	C	Á	Z	I	L	I	V	I	C

ELEMZÉS
ÓKOR
ÉV
CIVILIZÁCIÓ
LESZÁRMAZOTT
ISMERETLEN
CSAPAT
KORSZAK
ÉRTÉKELÉS
SZAKÉRTŐ
FOSSZILIS
CSONTOK
KUTATÓ
REJTÉLY
OBJEKTUMOK
ELFELEJTETT
PROFESSZOR
EREKLYE
TEMPLOM
SÍR

3 - Granja #2

Á	P	A	B	M	W	A	P	F	N	O	É	R	D	Ö
R	Á	A	Z	T	A	I	D	J	Ö	E	L	B	P	N
P	S	C	L	Ö	M	Ü	Y	G	V	O	E	H	H	T
A	Z	Ö	P	Z	Á	H	N	W	É	M	L	P	J	Ö
I	T	Y	S	M	L	G	Á	A	N	T	M	C	K	Z
T	O	O	H	C	N	V	R	P	Y	R	I	L	V	É
E	R	O	E	V	L	G	Á	Y	I	A	S	J	K	S
J	N	G	N	J	L	Ö	B	I	U	K	Z	R	U	D
P	A	T	R	E	T	C	M	K	Y	T	E	A	K	F
L	X	R	L	S	P	X	A	Ü	L	O	R	G	O	M
Á	L	L	A	T	O	K	A	B	Y	R	A	A	R	É
J	L	K	T	É	J	A	K	Ú	T	G	L	Z	I	H
L	U	V	J	R	J	J	W	Z	S	L	V	D	C	K
U	C	H	A	S	C	A	K	A	E	K	X	A	A	A
F	B	M	P	E	S	B	Z	I	S	R	P	D	G	S

GAZDA
ÁLLATOK
ÁRPA
MÉHKAS
ÉLELMISZER
BÁRÁNY
GYÜMÖLCS
PAJTA
GYÜMÖLCSÖS
TEJ
LÁMA
KUKORICA
JUH
PÁSZTOR
KACSA
RÉT
ÖNTÖZÉS
TRAKTOR
BÚZA
NÖVÉNYI

4 - La Empresa

I	Z	I	K	R	Y	S	Á	Z	Á	H	U	R	E	B
U	P	C	W	R	N	G	B	B	H	A	W	W	B	I
L	F	A	U	E	E	U	Y	R	I	L	A	R	E	N
V	I	F	R	C	H	A	S	U	N	A	U	U	V	N
T	R	E	N	D	E	K	T	E	K	D	J	N	É	O
F	O	R	R	Á	S	O	K	Í	R	Á	B	O	T	V
M	I	N	Ő	S	É	G	G	H	V	S	H	N	E	A
Ü	U	K	Z	L	E	H	E	T	Ő	S	É	G	L	T
T	Z	V	W	P	B	E	M	U	T	A	T	Á	S	Í
E	S	L	D	Ö	N	T	É	S	V	I	P	V	V	V
R	U	K	E	G	É	S	Y	G	E	W	B	É	R	V
M	R	J	I	T	C	T	X	L	J	E	X	N	A	N
É	O	C	E	S	I	L	Á	B	O	L	G	R	A	K
K	O	T	A	Z	Á	K	C	O	K	B	U	Í	G	Y
S	Z	A	K	M	A	I	S	M	R	H	F	H	H	E

MINŐSÉG
KREATÍV
DÖNTÉS
GLOBÁLIS
IPAR
BEVÉTEL
INNOVATÍV
BERUHÁZÁS
ÜZLETI
LEHETŐSÉG
BEMUTATÁS
TERMÉK
SZAKMAI
HALADÁS
FORRÁSOK
HÍRNÉV
KOCKÁZATOK
BÉR
TRENDEK
EGYSÉGEK

5 - Mueble

P	U	B	J	K	Í	H	A	R	C	J	M	S	P	Z
K	A	N	A	P	É	R	Ö	K	Ü	T	P	Z	A	J
Y	C	Z	A	E	Y	L	Ó	K	P	A	O	Ő	P	X
M	P	U	A	A	T	X	U	A	R	G	C	N	L	P
K	K	O	F	N	S	Z	A	N	S	N	A	Y	A	Á
Ö	T	O	L	R	I	C	R	X	F	Z	R	E	N	R
N	E	N	M	C	D	E	M	S	M	F	T	G	O	N
Y	Á	X	Y	Ó	O	N	O	T	U	F	A	A	K	A
V	G	Z	M	W	D	K	I	N	G	H	M	X	L	E
E	Y	J	I	L	A	U	R	S	P	Á	R	N	Á	K
S	P	P	I	S	P	X	E	Z	L	Á	M	P	A	F
P	E	H	L	X	U	D	V	É	F	O	T	E	L	G
O	J	O	I	O	H	T	Z	K	E	M	B	G	M	U
L	F	Ü	G	G	Ő	Á	G	Y	Z	E	P	O	N	G
C	F	Ü	G	G	Ö	N	Y	Ö	K	X	L	B	M	B

SZŐNYEG
PÁRNA
ARMOIRE
PAD
ÁGY
PÁRNÁK
MATRAC
FÜGGÖNYÖK
KOMÓD
PAPLANOK
ÍRÓASZTAL
TÜKÖR
KÖNYVESPOLC
POLCOK
FUTON
FÜGGŐÁGY
LÁMPA
SZÉK
FOTEL
KANAPÉ

6 - Aviones

H	H	I	D	R	O	G	É	N	P	U	M	E	C	J
H	A	U	M	N	O	L	L	A	B	I	E	B	S	G
E	T	J	T	I	I	L	E	T	A	I	L	D	I	Á
V	L	H	Ó	A	R	R	V	L	E	Z	E	Ó	B	S
Z	A	O	R	Z	S	S	E	U	U	E	N	U	T	S
I	É	G	X	R	I	I	G	V	L	M	É	L	P	A
É	P	Í	T	É	S	K	Ő	M	O	T	T	E	I	G
V	Y	L	E	G	É	N	Y	S	É	G	R	S	M	A
D	N	A	L	A	K	O	C	I	H	U	Ö	L	V	M
S	Á	L	L	Á	Z	S	E	L	Z	G	T	O	M	C
P	R	O	P	E	L	L	E	R	E	K	K	A	O	W
H	I	L	É	G	K	Ö	R	W	B	W	L	Z	W	V
M	O	T	O	R	T	E	R	V	E	Z	É	S	D	G
T	U	R	B	U	L	E	N	C	I	A	J	D	D	A
V	L	Y	X	K	Ü	Z	E	M	A	N	Y	A	G	M

LEVEGŐ
MAGASSÁG
LESZÁLLÁS
LÉGKÖR
KALAND
ÉG
ÜZEMANYAG
ÉPÍTÉS
IRÁNY
TERVEZÉS
BALLON
PROPELLEREK
HIDROGÉN
TÖRTÉNELEM
MOTOR
HAJÓZIK
UTAS
PILÓTA
LEGÉNYSÉG
TURBULENCIA

7 - Tipos de Cabello

N	V	V	A	Y	U	V	M	Y	E	K	Ő	Z	S	Z
R	L	V	M	B	S	E	G	É	S	Z	S	É	G	E
E	Z	A	S	Z	Ü	R	K	E	C	A	Ü	A	O	D
G	Ö	N	D	Ö	R	T	S	T	B	R	Y	S	U	A
A	Y	R	Ó	N	I	S	Z	D	E	Á	J	O	T	R
T	T	A	K	P	F	U	V	O	O	Z	X	M	T	Z
S	N	B	I	V	U	G	U	W	R	S	R	Á	O	K
A	I	S	K	B	V	F	R	Ö	V	I	D	L	N	J
V	W	Y	N	O	K	É	V	P	T	C	K	L	O	I
F	R	O	N	V	Y	N	R	N	U	L	A	U	F	O
T	E	B	A	E	C	Y	J	M	C	H	C	H	Y	M
C	Z	H	E	O	W	E	Z	D	Y	V	A	J	K	D
K	J	J	É	X	D	S	K	O	P	A	S	Z	V	R
D	D	W	I	R	F	Ü	R	T	Ö	K	P	R	L	O
A	F	E	K	E	T	E	H	O	S	S	Z	Ú	W	L

FEHÉR
FÉNYES
KOPASZ
RÖVID
VÉKONY
SZÜRKE
VASTAG
HOSSZÚ
BARNA
FEKETE
HULLÁMOS
EZÜST
GÖNDÖR
FÜRTÖK
SZŐKE
EGÉSZSÉGES
SZÁRAZ
PUHA
FONOTT
ZSINÓR

8 - Ciencia Ficción

B	U	T	Ó	P	I	A	J	O	J	S	F	N	K	G
K	O	T	O	B	O	R	Ó	V	Z	E	O	D	É	A
V	X	L	R	L	I	H	S	R	I	Y	E	O	P	L
S	D	K	Y	E	H	Z	L	R	L	L	D	S	Z	A
P	T	U	D	G	Á	W	A	U	O	É	Á	E	E	X
A	X	I	S	U	Ó	L	T	D	V	T	E	G	L	I
I	L	L	Ú	Z	I	Ó	I	G	Á	J	N	É	E	S
N	G	S	J	Ű	P	E	X	S	T	E	C	S	T	R
A	E	F	E	T	H	A	W	K	L	R	G	Ő	B	O
F	A	N	T	A	S	Z	T	I	K	U	S	S	E	B
X	M	K	Ö	N	Y	V	E	K	M	B	S	L	L	B
O	O	O	F	C	W	S	K	J	L	W	R	É	I	A
E	Z	H	F	P	F	E	J	I	R	I	O	Z	K	N
F	I	M	O	T	A	U	I	I	K	S	R	S	K	Á
F	U	T	U	R	I	S	Z	T	I	K	U	S	X	S

ATOMI
MOZI
TÁVOLI
ROBBANÁS
SZÉLSŐSÉGES
FANTASZTIKUS
TŰZ
FUTURISZTIKUS
GALAXIS
ILLÚZIÓ
KÉPZELETBELI
KÖNYVEK
REJTÉLYES
VILÁG
JÓSLAT
BOLYGÓ
REÁLIS
ROBOTOK
UTÓPIA

9 - Granja #1

K	V	O	T	F	Z	W	K	B	O	R	J	Ú	C	W
O	E	B	O	C	M	H	M	U	P	S	W	X	S	T
G	T	C	C	I	V	M	A	D	T	E	Y	X	I	R
A	J	U	S	T	R	Á	G	Y	A	Y	I	K	R	A
M	U	E	X	K	N	Z	W	W	J	A	A	R	K	I
W	A	N	D	T	E	O	Z	X	U	Z	T	I	E	Z
M	E	Z	Ő	G	A	Z	D	A	S	Á	G	V	R	O
T	P	É	M	É	H	Ú	T	N	Z	L	F	U	A	B
A	N	M	T	O	A	J	T	É	I	C	J	Ö	Ó	C
M	S	Z	A	M	Á	R	T	Z	R	F	E	D	L	C
E	M	A	C	S	K	A	E	S	E	N	I	W	M	D
Z	A	Y	W	U	L	V	H	I	V	E	S	W	M	A
Ő	B	A	A	J	J	S	É	T	Í	R	E	K	C	T
W	E	U	G	B	R	C	N	V	Í	Z	R	G	U	J
B	X	E	G	I	S	B	H	Z	H	H	I	D	H	P

MÉH
MEZŐGAZDASÁG
VÍZ
RIZS
SZAMÁR
LÓ
KECSKE
MEZŐ
VARJÚ
TRÁGYA
MACSKA
SZÉNA
MÉZ
KUTYA
CSIRKE
MAGOK
BORJÚ
FÖLD
TEHÉN
KERÍTÉS

10 - Camping

L	S	É	L	E	R	E	Z	S	L	E	F	I	B	R
G	N	H	É	T	K	E	P	A	L	A	K	M	G	Z
F	S	K	T	E	R	M	É	S	Z	E	T	K	G	C
L	S	V	Ö	Z	L	F	K	O	T	A	L	L	Á	E
Z	I	Z	K	V	S	E	R	Á	A	M	Y	C	H	N
L	B	D	M	H	R	H	É	S	F	J	I	B	U	E
T	S	B	R	C	E	H	T	Z	R	O	V	A	R	R
Ű	K	E	N	U	F	G	N	C	K	Y	H	N	A	D
T	T	D	G	B	N	H	Y	L	A	A	X	H	D	Ő
F	X	Y	L	X	I	N	L	O	B	Z	A	B	I	H
U	J	D	N	A	L	A	K	J	I	O	R	H	R	N
H	T	L	L	Á	M	P	A	B	N	I	B	W	U	Y
N	Ű	O	Y	Z	R	F	Ü	G	G	Ő	Á	G	Y	M
N	Z	H	L	O	J	I	V	A	D	Á	S	Z	A	T
U	X	O	I	Z	U	H	T	Ó	W	Y	M	J	U	A

ÁLLATOK
KALAND
FÁK
ERDŐ
IRÁNYTŰ
KABIN
KENU
VADÁSZAT
KÖTÉL
FELSZERELÉS
TŰZ
FÜGGŐÁGY
ROVAR
TÓ
LÁMPA
HOLD
TÉRKÉP
HEGY
TERMÉSZET
KALAP

11 - Fruta

E	U	K	C	A	R	A	B	A	G	R	Á	S	R	J
M	A	N	G	Ó	V	G	U	J	Á	V	A	F	A	F
R	H	J	W	V	A	O	A	R	N	L	Ó	S	D	Ő
N	A	R	A	N	C	S	K	N	N	B	I	Z	D	S
J	S	H	B	O	G	Y	Ó	Á	F	I	D	Ő	X	Z
L	X	K	Y	H	V	L	N	R	D	K	Z	L	L	I
J	A	W	Z	R	H	A	I	O	Y	Ó	S	Ő	A	B
C	X	X	Y	R	J	U	H	B	S	C	U	S	U	A
K	I	B	A	N	Á	N	I	R	A	T	K	E	N	R
Ö	V	T	D	A	N	A	N	Á	S	Z	Ó	J	Z	A
R	I	O	R	A	D	I	N	N	Y	E	K	I	F	C
T	K	G	J	O	A	V	A	L	B	S	Y	H	V	K
E	R	L	J	N	M	A	L	M	A	J	A	P	A	P
W	Y	C	S	E	R	E	S	Z	N	Y	E	T	K	I
O	Z	M	Á	L	N	A	L	F	E	I	C	Y	B	U

AVOKÁDÓ
SÁRGABARACK
BOGYÓ
CSERESZNYE
KÓKUSZDIÓ
MÁLNA
GUJÁVAFA
KIVI
CITROM
MANGÓ
ALMA
ŐSZIBARACK
DINNYE
NARANCS
NEKTARIN
PAPAJA
KÖRTE
ANANÁSZ
BANÁN
SZŐLŐ

12 - Geologia

F	O	S	S	Z	I	L	I	S	E	N	H	W	K	Ő
R	F	W	R	H	I	K	D	Y	F	Z	H	Y	S	N
S	D	G	W	D	X	H	Z	T	M	P	Ó	E	Y	L
U	T	G	E	J	Z	Í	R	X	B	Z	S	N	M	J
S	Z	T	A	L	A	G	M	I	T	O	K	Ó	A	C
K	D	P	U	P	F	K	X	S	F	H	H	W	O	T
A	K	Ő	M	R	Ö	K	O	N	T	I	N	E	N	S
L	V	K	O	Y	L	Á	T	S	I	R	K	G	E	P
C	A	P	L	P	D	E	V	U	L	K	Á	N	F	X
I	R	P	B	L	R	E	R	Z	Y	R	F	A	E	N
U	C	E	X	B	E	L	U	Ó	R	J	W	L	N	U
M	E	S	I	D	N	L	G	N	Z	J	D	R	N	V
A	L	C	S	C	G	E	T	É	R	I	C	A	S	F
R	F	W	A	D	É	L	Á	V	A	D	Ó	B	Í	K
M	P	K	V	J	S	K	O	R	A	L	L	E	K	E

SAV
KALCIUM
RÉTEG
BARLANG
KONTINENS
KORALL
KRISTÁLYOK
KVARC
ERÓZIÓ
CSEPPKŐ
SZTALAGMITOK
FOSSZILIS
GEJZÍR
LÁVA
FENNSÍK
KŐ
SÓ
FÖLDRENGÉS
VULKÁN
ZÓNA

13 - Álgebra

X	G	X	K	M	K	I	V	O	N	Á	S	G	U	T
I	S	I	R	Á	E	N	I	L	R	D	E	K	E	É
Y	T	T	L	Z	K	G	D	I	A	G	R	A	M	N
I	K	U	G	S	I	É	O	W	C	K	C	S	V	Y
K	F	C	P	I	T	S	U	L	Z	R	T	R	O	E
P	G	N	O	M	E	I	K	É	D	E	R	Ö	T	Z
A	R	N	U	A	V	Y	U	X	B	Á	P	T	U	Ő
U	Y	O	C	H	Ő	N	C	O	E	H	S	E	P	P
M	N	M	B	U	Y	N	V	É	G	T	E	L	E	N
D	E	Z	U	L	I	E	N	C	H	N	Z	N	S	K
M	Y	G	P	I	É	M	Z	Á	R	Ó	J	E	L	É
K	E	L	F	Y	D	M	F	N	S	L	W	Y	D	P
K	R	F	L	E	V	C	A	L	L	U	N	G	X	L
G	Z	O	H	T	J	R	D	Y	D	O	M	E	X	E
Y	P	P	L	A	G	T	M	Á	T	R	I	X	J	T

MENNYISÉG
NULLA
DIAGRAM
EGYENLET
KITEVŐ
TÉNYEZŐ
HAMIS
KÉPLET
TÖREDÉK
VÉGTELEN
LINEÁRIS
MÁTRIX
SZÁM
ZÁRÓJEL
PROBLÉMA
MEGFEJT
KIVONÁS
MEGOLDÁS

14 - Plantas

E	B	M	W	C	C	T	I	B	E	P	B	Z	N	N
T	R	E	V	G	W	P	M	O	R	I	Z	S	Ö	Ö
X	É	D	A	Y	G	Á	R	T	Ű	B	S	U	V	V
N	K	N	Ő	Y	S	Á	G	A	F	O	U	T	É	É
F	Ö	Z	R	V	A	Z	R	N	M	R	B	K	N	N
S	Y	V	O	B	G	B	P	I	U	O	M	A	Y	Y
D	G	S	G	D	F	Z	Y	K	V	S	A	K	Z	V
M	O	H	A	S	B	Y	A	A	B	T	B	P	E	I
L	O	M	B	O	Z	A	T	L	O	Y	R	O	T	L
L	F	U	W	X	A	A	R	K	K	Á	A	E	A	Á
E	U	J	K	B	O	G	Y	Ó	O	N	J	S	K	G
V	Y	D	A	H	B	R	K	U	R	U	I	I	D	H
É	S	H	F	T	A	K	J	A	S	F	B	P	G	F
L	R	L	D	D	B	U	K	P	A	T	H	I	T	D
N	C	X	W	C	Z	O	F	N	A	H	A	O	T	H

BOKOR
FA
BAMBUSZ
BOGYÓ
ERDŐ
BOTANIKA
KAKTUSZ
TRÁGYA
VIRÁG
NÖVÉNYVILÁG
LOMBOZAT
BAB
BOROSTYÁN
FŰ
LEVÉL
KERT
MOHA
SZIROM
GYÖKÉR
NÖVÉNYZET

15 - Suministros de Arte

F	C	E	R	U	Z	Á	K	A	E	F	T	P	P	R
V	E	W	A	H	S	C	U	W	C	E	I	G	M	A
N	N	S	K	A	M	E	R	A	S	S	N	Y	V	G
L	L	E	T	Z	S	A	P	K	E	T	T	H	M	A
E	L	N	L	Ő	K	É	Z	S	T	É	A	J	O	S
R	A	D	Í	R	Á	E	O	S	E	K	H	H	G	Z
Í	X	E	D	S	I	L	L	V	K	E	G	H	M	T
P	T	U	P	S	Z	F	L	L	N	K	A	H	C	Ó
A	M	V	S	T	F	Í	W	V	E	P	Y	A	Y	B
P	N	J	I	S	O	P	N	L	Á	R	G	X	C	T
S	Z	O	E	C	D	K	O	E	W	N	A	D	B	T
V	Í	Z	T	V	O	L	A	J	K	P	Y	V	H	W
C	O	M	C	C	A	S	Z	T	A	L	I	R	K	A
K	R	E	A	T	I	V	I	T	Á	S	C	C	U	A
U	U	D	K	T	Ö	T	L	E	T	E	K	H	U	C

OLAJ
AKRIL
AKVARELLEK
VÍZ
AGYAG
RADÍR
FESTŐÁLLVÁNY
KAMERA
ECSETEK
SZÍNEK
KREATIVITÁS
ÖTLETEK
CERUZÁK
ASZTAL
PAPÍR
PASZTELL
RAGASZTÓ
FESTÉKEK
SZÉK
TINTA

16 - Negocio

M	R	H	N	L	V	J	L	P	D	K	I	F	V	V
U	A	X	N	A	N	J	G	É	S	T	L	Ö	K	A
N	R	F	T	H	D	A	U	N	N	E	C	I	R	L
K	M	T	Z	H	T	Ó	A	Z	Ü	Z	L	E	T	U
A	Ó	T	A	T	L	Á	K	N	U	M	H	S	B	T
A	L	K	A	L	M	A	Z	O	T	T	E	Y	O	A
I	R	O	D	A	P	É	N	Z	Ü	G	Y	E	Z	S
U	K	E	D	V	E	Z	M	É	N	Y	Y	K	M	V
G	Z	C	P	M	O	D	X	L	W	O	T	A	C	Z
Y	G	Y	I	K	F	S	Á	Z	Á	H	U	R	E	B
Á	T	R	A	N	Z	A	K	C	I	Ó	S	R	V	T
R	M	U	M	L	S	K	W	E	Y	W	X	I	Á	O
R	U	F	W	J	T	E	Z	Y	L	É	M	E	Z	S
K	Ö	L	T	S	É	G	V	E	T	É	S	R	B	F
V	Á	L	L	A	L	A	T	E	E	L	A	D	Á	S

KARRIER
KÖLTSÉG
KEDVEZMÉNY
PÉNZ
ALKALMAZOTT
MUNKÁLTATÓ
VÁLLALAT
GYÁR
PÉNZÜGY
ADÓK

BERUHÁZÁS
ÁRU
VALUTA
IRODA
SZEMÉLYZET
KÖLTSÉGVETÉS
ÜZLET
MUNKA
TRANZAKCIÓ
ELADÁS

17 - Jardín

F	V	T	B	T	L	T	U	K	G	Z	M	Z	L	O
Ü	I	E	U	I	Z	P	L	E	T	A	D	A	A	C
G	R	R	D	H	P	O	R	R	D	K	R	T	D	J
G	Á	A	J	I	I	N	L	Í	X	S	R	Á	Y	S
Ő	G	S	M	S	P	V	R	T	F	C	Y	P	Z	Ö
Á	Z	Z	L	D	K	D	V	É	U	A	M	A	X	S
G	E	P	Ő	R	Y	H	G	S	U	V	Z	L	K	C
Y	O	L	L	F	S	G	O	E	D	A	C	U	T	L
T	R	A	M	B	U	L	I	N	R	T	I	J	A	Ö
A	R	K	Ö	I	K	U	P	B	V	E	L	H	L	M
T	H	E	T	D	V	A	K	S	A	Y	B	H	A	Ü
I	J	S	K	O	M	O	Y	G	M	B	W	L	J	Y
B	O	K	O	R	X	S	X	T	P	E	Y	G	Y	G
C	F	L	Y	B	B	L	Ű	S	A	C	B	D	B	E
F	T	O	R	N	Á	C	F	A	D	A	O	E	E	N

BOKOR
FA
PAD
GYEP
TAVACSKA
VIRÁG
GARÁZS
FÜGGŐÁGY
FŰ
GYÜMÖLCSÖS
KERT
GYOMOK
TÖMLŐ
LAPÁT
TORNÁC
GEREBLYE
TALAJ
TERASZ
TRAMBULIN
KERÍTÉS

18 - Países #2

M	L	E	M	X	Z	J	D	M	J	A	Y	G	G	J
A	E	F	E	C	K	A	D	N	A	G	U	Y	Ö	A
L	X	X	Í	T	I	P	F	B	Y	A	K	V	R	M
B	D	Z	I	R	Z	Á	Z	Z	S	O	A	L	Ö	A
Á	Á	N	J	K	O	N	X	S	U	T	U	P	G	I
N	N	T	A	K	Ó	R	H	N	Z	X	S	W	O	C
I	I	L	E	F	M	F	S	C	V	S	Z	S	R	A
A	A	B	O	K	Z	R	C	Z	N	B	T	Z	S	U
P	A	K	I	S	Z	T	Á	N	Á	W	R	Í	Z	K
E	T	I	Ó	P	I	A	S	B	Á	G	I	R	Á	R
P	O	R	T	U	G	Á	L	I	A	D	A	I	G	A
A	A	U	S	Z	T	R	Á	L	I	A	U	A	D	J
O	R	O	S	Z	O	R	S	Z	Á	G	S	Z	T	N
F	R	A	N	C	I	A	O	R	S	Z	Á	G	S	A
I	N	D	O	N	É	Z	I	A	W	E	Y	V	J	D

ALBÁNIA
AUSZTRÁLIA
AUSZTRIA
DÁNIA
ETIÓPIA
FRANCIAORSZÁG
GÖRÖGORSZÁG
INDONÉZIA
ÍRORSZÁG
JAMAICA
JAPÁN
LAOSZ
MEXIKÓ
PAKISZTÁN
PORTUGÁLIA
OROSZORSZÁG
SZÍRIA
SZUDÁN
UKRAJNA
UGANDA

19 - Números

J	T	Ö	H	R	L	C	X	I	N	L	L	J	K	I
Y	I	F	G	Y	Y	O	B	P	F	É	D	D	I	T
Z	Z	M	Ő	G	M	C	L	O	Y	N	G	L	L	A
Z	E	O	T	É	H	N	E	Z	I	T	T	Y	E	I
U	D	R	T	N	U	E	N	U	L	L	A	W	N	I
T	E	Á	E	N	T	L	M	O	R	Á	H	X	C	I
J	S	H	K	E	A	I	G	R	L	S	N	T	Í	Z
T	B	N	S	Z	H	K	Z	H	T	X	E	N	G	S
E	I	E	O	I	W	N	U	E	S	I	Z	I	L	Ú
L	E	Z	K	T	W	E	V	I	N	W	I	O	D	H
O	W	I	E	Y	X	Z	U	Z	R	N	T	P	O	C
X	A	T	I	N	Z	I	I	A	N	R	Y	J	X	T
H	É	T	O	T	Ö	T	H	G	O	L	N	O	A	Z
F	F	Z	B	G	X	T	W	P	N	Y	Z	A	L	Z
T	I	Z	E	N	K	E	T	T	Ő	B	R	N	Y	C

TIZENNÉGY
NULLA
ÖT
NÉGY
TIZEDES
TIZENKILENC
TIZENNYOLC
TIZENHAT
TIZENHÉT
TÍZ
TIZENKETTŐ
KETTŐ
KILENC
NYOLC
TIZENÖT
HAT
HÉT
TIZENHÁROM
HÁROM
HÚSZ

20 - Física

T	E	L	P	É	K	H	T	J	T	S	E	T	Z	W
G	Ö	K	É	M	I	A	I	M	L	Z	E	P	J	H
R	M	M	M	R	E	L	A	T	I	V	I	T	Á	S
A	G	B	E	E	M	O	T	O	R	J	W	Y	Y	T
V	É	E	K	G	C	E	L	E	K	T	R	O	N	P
I	S	G	S	T	L	H	A	T	O	M	V	Y	T	I
T	S	Y	C	X	W	F	A	S	Ű	R	Ű	S	É	G
Á	E	E	E	G	A	I	C	N	E	V	K	E	R	F
C	S	T	Z	É	X	L	F	Z	I	O	M	A	O	P
I	E	E	S	S	P	R	V	M	J	K	F	P	G	N
Ó	N	M	É	S	C	N	G	D	F	P	A	T	G	W
C	G	E	R	E	S	I	R	Á	E	L	K	U	N	X
D	Á	S	Z	B	C	I	L	L	Z	S	O	Á	K	K
J	M	O	L	E	K	U	L	A	B	V	C	R	N	S
G	Y	O	R	S	U	L	Á	S	B	F	Z	G	J	W

GYORSULÁS
ATOM
KÁOSZ
SŰRŰSÉG
ELEKTRON
KÉPLET
FREKVENCIA
GÁZ
GRAVITÁCIÓ
MÁGNESESSÉG

TÖMEG
MECHANIKA
MOLEKULA
MOTOR
NUKLEÁRIS
RÉSZECSKE
KÉMIAI
RELATIVITÁS
EGYETEMES
SEBESSÉG

21 - Belleza

F	H	M	N	X	K	E	K	É	M	R	E	T	Z	S
T	Ü	H	L	Z	T	R	L	W	N	Y	O	N	R	T
J	C	R	T	Ü	K	Ö	R	E	M	T	R	L	G	Y
N	S	B	T	U	R	Z	H	K	G	V	N	S	J	L
F	S	I	V	Ö	A	M	W	E	A	A	M	I	S	I
B	S	Z	Í	N	K	S	V	G	P	K	N	I	M	S
L	Á	M	I	L	L	A	T	Y	E	O	M	C	H	T
I	X	J	O	L	L	Ó	W	E	L	J	K	G	I	N
S	A	M	P	O	N	L	F	L	E	A	D	G	N	A
B	O	Y	T	I	M	B	X	E	G	L	Z	F	U	T
Ő	H	V	W	E	X	I	N	M	Á	O	D	C	A	C
R	B	K	L	K	T	X	Z	N	N	P	L	B	G	H
D	F	O	T	O	G	É	N	A	S	Z	Ú	R	B	D
C	O	D	R	K	O	Z	M	E	T	I	K	A	O	P
M	F	K	S	Y	Y	J	W	J	J	N	P	U	O	Y

OLAJOK
SAMPON
SZÍN
KOZMETIKA
ELEGANCIA
ELEGÁNS
BÁJ
TÜKÖR
STYLIST
FOTOGÉN
ILLAT
KEGYELEM
SMINK
BŐR
RÚZS
TERMÉKEK
FÜRTÖK
SIMA
OLLÓ

22 - Países #1

T	N	K	X	S	A	B	F	H	W	A	A	S	N	A
L	J	L	A	W	T	I	I	L	A	M	V	U	I	R
E	C	U	A	D	O	R	N	F	R	A	L	K	C	G
P	J	S	A	R	U	D	N	O	H	N	Í	A	A	E
M	K	E	G	C	F	W	O	B	T	A	B	N	R	N
P	O	G	R	M	N	G	R	E	E	P	I	A	A	T
M	A	R	O	K	K	Ó	S	B	G	L	A	D	G	Í
O	I	H	C	C	X	S	Z	B	L	U	G	A	U	N
T	G	F	W	R	S	A	Á	Z	D	R	H	I	A	A
P	É	V	R	A	E	V	G	Z	S	G	W	P	U	E
I	V	N	É	M	E	T	O	R	S	Z	Á	G	H	M
Y	R	F	K	E	E	B	R	A	Z	Í	L	I	A	Z
G	O	I	N	D	I	A	B	D	V	P	F	Y	L	L
E	N	L	E	N	G	Y	E	L	O	R	S	Z	Á	G
O	L	A	S	Z	O	R	S	Z	Á	G	T	W	Z	V

NÉMETORSZÁG
ARGENTÍNA
BELGIUM
BRAZÍLIA
KANADA
ECUADOR
EGYIPTOM
FINNORSZÁG
HONDURAS
INDIA
OLASZORSZÁG
LÍBIA
MALI
MAROKKÓ
NICARAGUA
NORVÉGIA
PANAMA
LENGYELORSZÁG

23 - Mitología

A	B	T	T	W	D	Ó	D	N	A	L	A	H	S	G
D	R	V	I	S	E	L	K	E	D	É	S	I	Ő	É
N	L	C	T	I	A	D	Y	G	V	G	É	S	L	S
E	A	H	H	E	B	Y	N	J	I	U	T	T	Y	Y
G	B	I	S	E	R	V	N	W	L	V	M	E	K	N
E	I	E	Y	R	T	E	E	J	L	H	E	N	A	E
L	R	D	P	M	O	Í	M	G	Á	I	R	S	T	K
W	I	E	U	G	L	S	P	T	M	A	E	É	A	É
F	N	L	G	K	E	O	K	U	M	N	T	G	S	T
S	T	M	F	W	U	Z	S	E	S	É	Y	E	Z	L
U	U	E	Ú	Z	S	S	O	B	C	J	N	K	T	É
L	S	K	A	Y	H	C	C	G	P	P	R	Y	R	F
M	E	N	N	Y	D	Ö	R	G	É	S	Ö	X	Ó	J
K	U	L	T	Ú	R	A	A	Y	P	G	Z	I	F	M
E	R	Ő	N	W	N	E	H	X	V	T	S	Y	A	W

ARCHETÍPUS
FÉLTÉKENYSÉG
MENNY
VISELKEDÉS
TEREMTÉS
HIEDELMEK
TEREMTMÉNY
KULTÚRA
ISTENSÉGEK
KATASZTRÓFA

ERŐ
HARCOS
HŐS
LABIRINTUS
LEGENDA
SZÖRNY
HALANDÓ
VILLÁM
MENNYDÖRGÉS
BOSSZÚ

24 - Ecología

T	K	O	S	Á	R	R	O	F	L	S	N	T	F	K
A	E	I	S	O	K	F	É	L	E	S	É	G	M	Ö
S	Y	R	É	G	H	A	J	L	A	T	X	I	D	Z
Z	N	E	M	R	G	Y	M	Z	C	F	D	H	Ó	Ö
Á	É	G	T	É	T	E	R	M	É	S	Z	E	T	S
L	V	N	Ú	N	S	I	L	Á	B	O	L	G	A	S
Y	Ö	E	L	J	Ö	Z	D	W	I	Z	P	É	H	É
V	N	T	É	C	B	V	E	U	V	N	B	L	T	G
A	V	H	L	E	Z	M	É	T	R	A	J	Ő	R	E
T	A	X	É	D	T	R	O	N	E	L	X	H	A	K
J	N	G	S	F	X	O	E	C	Y	S	W	E	T	T
A	U	I	P	U	U	S	J	D	S	Z	X	L	N	G
F	A	J	A	E	G	H	H	N	H	Á	E	Y	N	G
W	F	K	P	E	L	U	D	A	O	H	R	T	E	E
N	Ö	V	É	N	Y	V	I	L	Á	G	Y	H	F	V

ÉGHAJLAT
KÖZÖSSÉGEK
SOKFÉLESÉG
FAJ
FAUNA
NÖVÉNYVILÁG
GLOBÁLIS
ÉLŐHELY
TENGERI
TERMÉSZETES
TERMÉSZET
MOCSÁR
NÖVÉNYEK
FORRÁSOK
ASZÁLY
FENNTARTHATÓ
TÚLÉLÉS
FAJTA
NÖVÉNYZET

25 - Casa

K	P	L	L	C	U	I	K	F	C	P	X	A	W	S
U	Ö	Z	U	H	A	N	Y	O	Y	S	C	E	U	Z
G	W	N	C	B	B	W	O	C	N	F	A	N	R	V
B	E	F	Y	T	A	C	H	N	E	Y	T	P	I	V
L	G	T	W	V	L	C	V	V	F	E	H	O	V	Z
S	E	P	R	Ű	T	E	Z	B	L	H	F	A	G	C
Z	Y	J	U	T	F	Á	L	U	S	Á	L	D	A	P
Á	N	P	F	E	O	W	R	R	J	L	K	A	G	Z
R	Ő	A	K	T	P	A	D	L	Ó	Ó	E	B	T	V
A	Z	W	O	Ő	T	Ü	K	Ö	R	S	R	E	H	T
G	S	V	F	P	I	N	C	E	W	Z	T	G	W	X
Ó	L	L	A	D	N	A	K	D	X	O	A	J	T	Ó
M	O	I	L	J	L	Á	M	P	A	B	Y	B	M	E
K	E	R	Í	T	É	S	S	O	P	A	V	I	M	S
B	T	C	P	T	L	A	B	L	A	K	D	M	F	H

SZŐNYEG
PADLÁS
KÖNYVTÁR
KANDALLÓ
KONYHA
HÁLÓSZOBA
ZUHANY
SEPRŰ
TÜKÖR
GARÁZS
CSAP
KERT
LÁMPA
FAL
PADLÓ
AJTÓ
PINCE
TETŐ
KERÍTÉS
ABLAK

26 - Artes Visuales

F	O	H	S	W	X	J	T	K	F	M	É	C	K	P
H	E	Z	É	B	P	J	N	K	E	E	P	U	R	E
I	J	S	R	J	F	W	P	D	S	S	Í	Y	E	R
I	Z	É	T	H	S	X	D	C	T	T	T	W	A	S
P	K	V	R	M	P	F	D	E	Ő	E	É	V	T	P
T	R	Ű	O	L	É	G	X	R	Á	R	S	P	I	E
D	I	M	P	I	K	N	C	U	L	M	Z	X	V	K
L	A	J	J	F	Y	F	Y	Z	L	Ű	E	R	I	T
F	I	G	M	M	N	M	P	A	V	V	T	P	T	Í
B	M	T	Y	C	É	I	E	D	Á	R	I	Y	Á	V
D	Á	L	I	A	F	Y	B	I	N	O	T	A	S	A
F	R	X	P	T	G	O	A	N	Y	B	W	Y	S	G
D	E	B	X	O	K	R	É	T	A	O	P	R	X	Z
H	K	K	A	L	E	T	É	T	E	Z	S	S	Ö	T
B	R	P	S	L	I	C	N	E	T	S	W	U	U	U

AGYAG
ÉPÍTÉSZET
MŰVÉSZ
LAKK
FESTŐÁLLVÁNY
VIASZ
KERÁMIA
ÖSSZETÉTEL
KREATIVITÁS
SZOBOR
FÉNYKÉP
CERUZA
MESTERMŰ
FILM
PERSPEKTÍVA
FESTMÉNY
STENCIL
TOLL
PORTRÉ
KRÉTA

27 - Salud y Bienestar #2

K	M	M	B	K	F	F	E	S	O	H	S	Y	S	F
Y	V	W	E	A	N	O	K	N	B	E	E	B	T	E
T	Z	D	T	L	A	H	G	P	E	V	G	V	R	R
N	K	E	E	Ó	C	S	É	T	Z	S	É	M	E	T
A	A	I	G	R	E	N	E	L	W	X	S	G	S	Ő
Y	L	Ú	S	I	M	A	S	S	Z	Á	Z	S	S	Z
O	I	G	É	A	L	I	T	I	F	X	S	M	Z	É
H	U	N	G	S	I	G	I	É	P	E	É	J	C	S
É	I	V	Z	Á	H	R	Ó	K	I	Z	G	B	S	C
T	J	G	É	N	H	E	Z	E	E	D	E	E	I	J
V	V	K	I	R	Y	L	A	N	A	T	Ó	M	I	A
Á	Z	G	P	É	J	L	G	E	N	E	T	I	K	A
G	F	M	H	J	N	A	V	I	T	A	M	I	N	X
Y	R	U	F	L	O	I	D	T	U	U	V	K	J	J
E	S	J	K	P	B	U	A	X	Y	E	V	N	F	V

ALLERGIA
ANATÓMIA
ÉTVÁGY
KALÓRIA
DIÉTA
EMÉSZTÉS
ENERGIA
BETEGSÉG
STRESSZ
GENETIKA
HIGIÉNIA
KÓRHÁZ
FERTŐZÉS
MASSZÁZS
SÚLY
EGÉSZSÉGES
VÉR
VITAMIN

28 - Adjetivos #1

É	R	T	É	K	E	S	P	V	L	Á	A	K	U	N
S	U	Z	Ó	I	C	I	B	M	A	R	R	O	C	Z
O	J	V	J	E	A	I	S	V	S	T	O	M	F	B
N	A	G	Y	L	E	L	K	Ű	S	A	M	O	I	R
T	G	R	G	T	R	R	A	Y	Ú	T	Á	L	A	O
G	I	V	A	V	R	L	W	F	K	L	S	Y	T	H
G	C	E	E	L	U	D	W	P	U	A	H	W	A	M
C	Z	X	I	S	Á	I	R	Ó	Z	N	O	V	L	O
F	O	N	T	O	S	E	T	E	L	É	K	Ö	T	D
V	R	M	H	R	E	T	É	L	A	P	H	D	R	E
G	T	Y	W	T	Y	N	T	O	K	G	S	E	L	R
N	A	G	Y	B	N	I	Ö	O	T	J	P	S	N	N
P	C	L	Z	B	É	Z	S	B	Í	J	I	Z	X	K
M	N	H	Y	J	F	S	X	X	V	B	H	O	L	L
D	X	H	H	P	M	Ő	A	B	S	Z	O	L	Ú	T

ABSZOLÚT
AKTÍV
AMBICIÓZUS
AROMÁS
VONZÓ
FÉNYES
ÓRIÁSI
NAGYLELKŰ
NAGY
ŐSZINTE
FONTOS
ÁRTATLAN
FIATAL
LASSÚ
MODERN
SÖTÉT
TÖKÉLETES
NEHÉZ
KOMOLY
ÉRTÉKES

29 - Familia

U	A	J	Y	G	U	N	É	N	I	F	T	V	P	N
U	H	O	R	Y	U	J	I	O	Z	A	Y	N	A	A
A	Y	K	O	E	L	N	O	N	G	N	Z	R	S	G
Y	P	H	K	R	M	L	O	U	C	Y	S	K	F	Y
N	W	A	K	M	R	R	X	K	K	A	X	T	H	M
Á	F	W	E	E	R	R	P	I	A	I	H	D	A	A
L	I	U	M	K	H	V	O	H	X	H	Y	X	G	M
A	P	N	R	E	D	H	R	F	J	X	Ú	S	F	A
H	V	N	E	K	T	E	S	T	V	É	R	G	É	H
N	A	G	Y	A	P	A	Ő	S	K	G	G	É	R	V
T	U	Y	G	O	F	I	K	M	Z	O	Y	S	J	F
R	É	V	T	S	E	T	A	K	O	N	U	E	Z	J
U	N	O	K	A	Ö	C	S	P	Y	L	Z	L	Y	J
G	Y	E	R	M	E	K	N	B	A	W	A	E	J	L
U	N	O	K	A	Z	F	M	J	T	I	W	F	R	G

NAGYMAMA
NAGYAPA
ŐS
FELESÉG
TESTVÉR
LÁNYA
GYERMEKKOR
ANYA
FÉRJ
ANYAI
UNOKA
GYERMEK
GYERMEKEK
APA
APAI
UNOKATESTVÉR
UNOKAHÚG
UNOKAÖCS
NÉNI

30 - Disciplinas Científicas

M	T	X	X	Z	W	B	X	G	G	K	N	T	I	C
K	E	M	C	F	C	O	X	F	E	É	E	E	M	R
Á	Z	T	M	K	I	D	R	G	O	M	U	R	M	Ö
B	S	C	E	E	A	U	E	U	L	I	R	M	U	K
I	É	V	I	O	C	K	P	O	Ó	A	O	O	N	O
O	G	C	Á	V	R	H	G	I	G	D	L	D	O	L
K	É	U	R	N	X	O	A	Z	I	U	Ó	I	L	Ó
É	R	R	I	S	Y	C	L	N	A	Z	G	N	Ó	G
M	E	A	Y	H	F	T	Z	Ó	I	T	I	A	G	I
I	I	V	L	M	E	E	A	D	G	K	A	M	I	A
A	K	I	N	A	T	O	B	N	E	I	A	I	A	F
F	I	Z	I	O	L	Ó	G	I	A	I	A	K	D	H
C	S	I	L	L	A	G	Á	S	Z	A	T	A	T	D
A	N	A	T	Ó	M	I	A	I	G	Ó	L	O	I	B
S	Z	O	C	I	O	L	Ó	G	I	A	S	M	K	X

ANATÓMIA
RÉGÉSZET
CSILLAGÁSZAT
BIOLÓGIA
BIOKÉMIA
BOTANIKA
ÖKOLÓGIA
FIZIOLÓGIA
GEOLÓGIA
IMMUNOLÓGIA
MECHANIKA
METEOROLÓGIA
ÁSVÁNYTAN
NEUROLÓGIA
KÉMIA
SZOCIOLÓGIA
TERMODINAMIKA

31 - Cocina

S	X	A	M	Y	S	O	O	B	O	I	P	S	K	N
H	Y	G	R	I	L	L	T	B	J	F	K	Z	A	W
Ű	N	P	E	K	E	N	N	I	H	Y	G	I	N	Y
T	É	Y	Z	F	Ű	S	Z	E	R	E	K	V	A	K
Ő	T	Ü	S	T	G	Y	M	R	X	Y	E	A	L	R
S	Ö	Z	I	V	Z	K	A	N	C	S	Ó	C	A	U
Z	K	O	M	V	I	L	L	A	I	T	P	S	K	S
E	Ő	K	L	Á	N	A	K	Ő	R	E	M	S	E	Z
K	T	P	E	C	E	R	B	D	V	N	H	S	S	A
R	Ű	F	L	K	O	R	S	Ó	X	Y	H	O	É	L
É	H	Y	É	K	T	K	O	I	H	I	W	R	K	V
N	Y	X	W	V	Í	Z	F	O	R	R	A	L	Ó	É
Y	L	T	C	S	É	S	Z	É	K	M	K	O	C	T
V	É	L	Á	O	C	B	K	X	I	P	U	V	H	A
E	M	C	W	L	W	I	O	M	W	Z	D	W	W	I

VÍZFORRALÓ
ENNI
ÉLELMISZER
MÉLYHŰTŐ
KANALAK
MERŐKANÁL
KÉSEK
KÖTÉNY
FŰSZEREK
SZIVACS
SÜTŐ
KANCSÓ
GRILL
RECEPT
HŰTŐSZEKRÉNY
SZALVÉTA
KORSÓ
CSÉSZÉK
TÁL
VILLA

32 - Moda

G	Y	A	K	O	R	L	A	T	I	C	H	J	F	I
R	O	D	A	M	C	S	I	P	K	E	U	L	S	R
M	O	D	E	R	N	N	H	O	C	I	G	J	N	Á
W	M	Y	B	E	T	Á	N	Í	N	V	T	R	J	N
P	E	X	N	E	D	G	U	N	M	M	S	U	F	Y
M	M	É	R	É	S	E	K	V	S	Z	D	X	B	Z
S	T	W	E	I	R	L	L	J	U	E	É	A	U	A
T	E	G	G	I	T	E	D	E	R	E	L	S	J	T
Í	X	U	Y	V	C	R	Z	D	R	Á	G	A	Z	O
L	T	W	S	E	P	I	I	S	B	F	P	C	Y	M
U	Ú	T	Z	F	B	R	U	H	Á	Z	A	T	U	I
S	R	E	E	K	I	F	I	N	O	M	U	L	T	N
T	A	K	R	T	O	A	S	Z	Ö	V	E	T	I	T
Z	H	F	Ű	K	H	I	E	G	O	M	B	O	K	A
M	I	N	I	M	A	L	I	S	T	A	W	E	D	B

HÍMZÉS
GOMBOK
BUTIK
DRÁGA
ELEGÁNS
CSIPKE
STÍLUS
MÉRÉSEK
MINIMALISTA
MODERN
SZERÉNY
EREDETI
MINTA
GYAKORLATI
RUHÁZAT
EGYSZERŰ
KIFINOMULT
SZÖVET
IRÁNYZAT
TEXTÚRA

33 - Salud y Bienestar #1

O	P	Y	J	Z	F	W	U	P	G	J	P	G	A	C
S	Y	A	A	M	H	Y	P	R	Y	I	S	É	K	S
K	I	K	A	P	C	S	O	L	Ó	D	Á	S	T	O
O	N	N	K	C	G	Á	É	S	P	R	O	H	Í	N
N	M	J	I	B	Y	T	I	R	Z	N	R	É	V	T
O	J	O	N	A	Ó	R	H	B	Ö	O	Y	W	O	O
M	J	Z	I	K	G	A	D	G	B	T	K	Z	T	K
R	F	Y	L	T	Y	T	I	Z	M	O	K	Á	W	A
O	S	O	K	É	S	T	R	E	F	L	E	X	S	Z
H	W	W	A	R	Z	S	T	E	R	Á	P	I	A	M
V	G	H	S	I	E	E	O	R	V	O	S	S	Á	G
Í	B	I	O	U	R	T	L	W	W	W	V	O	D	D
R	J	Ő	V	M	T	B	M	A	G	A	S	S	Á	G
U	W	P	R	O	Á	K	E	Z	E	L	É	S	J	Z
S	U	A	O	K	R	U	P	T	P	C	A	P	Y	K

AKTÍV
MAGASSÁG
BAKTÉRIUMOK
KLINIKA
ORVOS
GYÓGYSZERTÁR
TÖRÉS
ÉHSÉG
SZOKÁS
HORMONOK
CSONTOK
ORVOSSÁG
IZMOK
BŐR
TESTTARTÁS
REFLEX
KIKAPCSOLÓDÁS
TERÁPIA
KEZELÉS
VÍRUS

34 - Adjetivos #2

É	T	Y	T	L	A	T	D	A	R	Á	F	L	Z	F
R	B	N	E	Y	M	R	E	K	Z	S	Ü	B	N	M
D	F	G	R	K	U	H	B	R	C	Ó	R	Í	E	L
E	Ű	W	M	E	J	I	N	X	M	S	O	R	X	J
K	S	J	É	O	J	F	M	T	K	E	Z	N	W	E
E	Z	Z	S	S	I	R	F	A	T	L	L	V	K	R
S	E	E	Z	W	E	L	G	V	U	E	D	Ő	S	Ő
Ő	R	H	E	E	G	É	S	Z	S	É	G	E	S	S
L	E	E	T	H	Í	R	E	S	N	Ú	W	A	S	Y
E	S	T	E	G	J	D	P	D	Á	J	F	R	Z	A
L	H	Ő	S	O	G	W	S	R	G	W	P	I	Á	F
E	N	O	R	M	Á	L	E	Á	E	A	E	E	R	M
F	E	W	J	B	L	H	B	M	L	J	X	H	A	P
Z	X	Y	R	N	V	Í	T	A	E	R	K	K	Z	L
Z	K	R	I	L	E	I	G	I	O	A	N	J	O	X

FÁRADT
EHETŐ
KREATÍV
LEÍRÓ
DRÁMAI
ELEGÁNS
HÍRES
FRISS
ERŐS
ÉRDEKES
TERMÉSZETES
NORMÁL
ÚJ
BÜSZKE
FŰSZERES
TERMELŐ
FELELŐS
SÓS
EGÉSZSÉGES
SZÁRAZ

35 - Cuerpo Humano

O	E	F	L	I	A	E	B	H	D	N	E	V	O	K
N	T	P	L	M	K	B	O	L	A	M	T	G	W	Ö
C	H	C	S	J	P	N	K	L	D	V	K	Y	A	N
E	A	F	F	O	C	C	A	B	P	X	M	Z	C	Y
P	Y	A	S	O	B	M	B	R	S	X	I	E	A	Ö
R	J	X	E	I	S	Z	Á	J	U	Z	Y	R	B	K
E	M	D	H	C	I	V	L	E	Y	N	Í	K	É	Z
V	Á	L	L	J	K	N	L	F	T	J	Y	V	J	V
W	X	N	Z	M	G	F	Á	E	K	É	E	D	M	U
K	G	F	L	O	W	E	V	V	D	G	R	R	O	J
A	G	Y	F	Ü	L	U	J	H	N	P	É	D	L	J
Y	G	O	O	F	B	M	J	W	U	F	V	C	X	C
N	O	A	B	Ő	R	X	S	T	G	G	Z	E	I	Y
H	V	H	R	M	J	E	R	X	N	U	Y	D	I	M
S	Z	E	M	C	X	Z	X	K	L	F	V	A	N	A

ÁLL
SZÁJ
FEJ
ARC
AGY
KÖNYÖK
SZÍV
NYAK
UJJ
VÁLL

NYELV
KÉZ
ORR
SZEM
FÜL
BŐR
LÁB
TÉRD
VÉR
BOKA

36 - Calentamiento Global

I	P	A	R	G	Á	Z	E	É	U	S	P	R	G	K
K	F	X	C	U	I	H	N	G	F	A	O	M	E	D
A	O	I	D	P	L	R	E	H	F	R	P	O	N	C
H	D	R	G	S	Y	H	R	A	K	K	U	S	E	K
P	T	A	M	Y	G	E	G	J	U	V	L	T	R	O
I	V	B	T	Á	E	T	I	L	G	I	Á	X	Á	Y
E	R	V	J	K	N	L	A	A	H	D	C	W	C	L
O	O	Z	L	X	Y	Y	E	T	B	É	I	T	I	Á
A	M	V	J	Ö	V	Ő	X	M	J	K	Ó	H	Ó	B
K	Ö	R	N	Y	E	Z	E	T	I	I	K	K	K	A
O	A	J	E	L	E	N	T	Ő	S	R	F	F	L	Z
F	E	J	L	Ő	D	É	S	R	M	T	U	D	Ó	S
V	Á	L	S	Á	G	D	B	A	B	M	Y	P	N	G
I	W	G	N	E	M	Z	E	T	K	Ö	Z	I	R	O
H	Ő	M	É	R	S	É	K	L	E	T	F	H	O	J

MOST
KÖRNYEZETI
FIGYELEM
SARKVIDÉKI
TUDÓS
ÉGHAJLAT
VÁLSÁG
ADAT
FEJLŐDÉS
ENERGIA

JÖVŐ
GÁZ
GENERÁCIÓK
KORMÁNY
IPAR
NEMZETKÖZI
JOGSZABÁLYOK
POPULÁCIÓK
JELENTŐS
HŐMÉRSÉKLET

37 - Ciencia

S	K	É	K	S	C	E	Z	S	É	R	D	M	G	É
Z	Í	B	P	Y	G	D	L	A	U	J	F	E	Z	G
E	S	S	N	R	N	Y	P	Y	G	R	H	G	Z	H
R	É	B	H	F	U	É	F	K	T	S	F	F	F	A
V	R	G	R	A	V	I	T	Á	C	I	Ó	I	O	J
E	L	T	E	C	H	A	E	L	T	Z	N	G	S	L
Z	E	F	Z	D	K	I	Z	U	F	É	Ö	Y	S	A
E	T	F	S	R	G	M	S	K	I	T	V	E	Z	T
T	A	K	D	N	B	É	É	E	Z	O	É	L	I	I
S	D	F	Ó	X	A	K	M	L	I	P	N	É	L	K
W	A	X	M	F	T	X	R	O	K	I	Y	S	I	F
Ó	I	C	Ú	L	O	V	E	M	A	H	E	Ó	S	I
A	O	Y	A	Y	M	A	T	I	X	H	K	D	L	F
L	A	B	O	R	A	T	Ó	R	I	U	M	U	K	S
Z	P	P	G	M	U	X	N	S	D	K	Z	T	D	X

ATOM
TUDÓS
ÉGHAJLAT
ADAT
EVOLÚCIÓ
KÍSÉRLET
FIZIKA
FOSSZILIS
GRAVITÁCIÓ
TÉNY
HIPOTÉZIS
LABORATÓRIUM
MÓDSZER
MOLEKULÁK
TERMÉSZET
MEGFIGYELÉS
SZERVEZET
RÉSZECSKÉK
NÖVÉNYEK
KÉMIAI

38 - Restaurante #2

C	L	C	R	T	A	E	N	P	E	L	M	H	S	V
N	X	P	A	C	F	A	B	S	Ó	J	G	I	P	A
S	O	Z	V	E	Y	I	F	É	F	Z	B	R	I	C
A	Y	K	U	L	S	X	N	D	D	J	I	K	N	S
L	A	T	I	Ő	P	A	Z	O	E	W	V	X	C	O
Á	F	Z	O	É	Z	V	Í	Z	M	J	H	J	É	R
T	Ű	Ö	K	T	V	I	L	L	A	É	G	A	R	A
A	S	L	E	E	L	P	S	N	T	G	Y	X	L	E
M	Z	D	B	L	H	G	B	Y	R	Y	Ü	K	Á	A
M	E	S	X	T	S	C	B	N	O	M	M	G	N	D
F	R	É	J	L	Z	Z	T	S	T	K	Ö	M	A	F
J	E	G	I	E	É	Z	O	L	E	T	L	O	K	P
H	K	E	Z	V	K	E	J	M	F	F	C	H	H	B
Z	K	K	M	E	F	G	E	R	M	Y	S	A	M	Z
R	W	W	A	S	Á	J	O	T	B	C	O	J	F	W

VÍZ
EBÉD
ELŐÉTEL
ITAL
PINCÉR
VACSORA
KANÁL
FINOM
SALÁTA
FŰSZEREK
GYÜMÖLCS
JÉG
TOJÁS
TORTA
HAL
SÓ
SZÉK
LEVES
VILLA
ZÖLDSÉGEK

39 - Profesiones #1

P	B	H	V	Z	D	Ü	B	A	A	T	É	L	T	A
N	W	J	U	S	T	G	N	P	T	É	M	N	U	H
B	A	N	K	Á	R	Y	C	S	S	R	D	M	R	K
S	P	R	I	G	T	V	Y	Z	I	K	I	H	B	H
Z	C	T	S	A	R	É	R	I	R	É	W	A	O	F
E	O	J	U	L	B	D	U	C	O	P	F	N	Z	Z
R	R	E	G	L	C	B	E	H	G	É	P	Y	I	U
K	V	Z	Ó	I	S	I	N	O	N	S	Ó	D	U	T
E	O	L	L	S	D	Ó	T	L	O	Z	Ű	T	Á	V
S	S	S	O	C	N	Á	T	Ó	Z	S	C	E	P	A
Z	Z	N	E	V	M	W	O	G	F	É	N	P	O	D
T	F	J	G	E	D	Z	Ő	U	V	N	Z	C	L	Á
Ő	S	Y	U	U	X	L	H	S	C	E	I	I	Ó	S
K	K	É	K	S	Z	E	R	É	S	Z	X	Y	C	Z
N	A	G	Y	K	Ö	V	E	T	M	E	E	K	O	M

ÜGYVÉD
CSILLAGÁSZ
ATLÉTA
TÁNCOS
BANKÁR
TŰZOLTÓ
TÉRKÉPÉSZ
VADÁSZ
TUDÓS
ORVOS
SZERKESZTŐ
NAGYKÖVET
ÁPOLÓ
EDZŐ
GEOLÓGUS
ÉKSZERÉSZ
ZENÉSZ
ZONGORISTA
PSZICHOLÓGUS

40 - Vehículos

O	J	A	T	U	T	M	E	N	T	Ő	A	U	T	Ó
L	O	S	T	Z	S	S	N	Z	N	U	A	S	L	J
I	Y	H	P	É	B	K	D	S	A	Z	T	J	A	T
T	C	U	H	P	K	I	M	U	G	U	P	A	K	A
V	S	S	A	Y	O	A	Y	B	M	C	T	Z	Ó	X
R	N	L	J	J	M	P	R	W	I	N	U	Ó	K	I
K	E	M	Ó	S	P	N	O	G	R	U	F	R	O	R
A	Y	P	U	V	G	B	T	J	X	J	J	T	C	H
F	U	J	Ü	V	L	S	K	T	R	E	L	E	S	V
Y	K	I	P	L	C	H	A	A	K	R	Z	M	I	K
V	O	N	A	T	Ő	X	R	Á	P	K	É	R	E	K
W	F	P	K	U	P	G	T	K	A	M	I	O	N	L
R	O	B	O	G	Ó	L	É	B	A	M	O	T	O	R
T	F	A	S	M	Z	H	V	P	U	N	D	P	T	O
H	E	L	I	K	O	P	T	E	R	J	U	S	V	I

MENTŐAUTÓ
BUSZ
REPÜLŐGÉP
TUTAJ
HAJÓ
KERÉKPÁR
KAMION
LAKÓKOCSI
AUTÓ
RAKÉTA
KOMP
FURGON
HELIKOPTER
METRÓ
MOTOR
GUMIK
ROBOGÓ
TAXI
TRAKTOR
VONAT

41 - Geometría

Y	N	Á	R	A	K	I	G	O	L	K	U	N	Z	N
D	S	E	T	N	I	Z	S	Z	Í	V	W	T	R	O
M	W	B	J	M	F	Ü	G	G	Ő	L	E	G	E	S
H	I	H	D	U	É	M	A	G	A	S	S	Á	G	R
H	F	A	J	D	O	R	B	G	G	N	I	Z	V	S
N	Á	I	D	E	M	Í	Ő	V	S	N	U	J	L	Z
T	S	R	Y	I	T	V	A	R	A	M	A	P	I	Ö
Ö	Z	T	O	D	I	M	E	N	Z	I	Ó	J	G	G
M	E	E	F	M	D	C	W	M	H	X	R	K	I	O
E	G	M	F	E	S	O	M	A	Z	U	H	R	Á	P
G	M	M	R	B	L	Z	E	G	Y	E	N	L	E	T
C	E	I	X	L	S	Ü	Ö	S	Z	Á	M	J	L	D
U	N	Z	O	P	M	F	L	G	X	P	N	I	S	R
F	S	S	H	U	L	X	V	E	O	L	Y	R	Z	S
E	L	M	É	L	E	T	S	Á	T	Í	M	Á	Z	S

MAGASSÁG
SZÖG
SZÁMÍTÁS
ÍV
ÁTMÉRŐ
DIMENZIÓ
EGYENLET
VÍZSZINTES
LOGIKA
TÖMEG
MEDIÁN
SZÁM
PÁRHUZAMOS
ARÁNY
SZEGMENS
SZIMMETRIA
FELÜLET
ELMÉLET
HÁROMSZÖG
FÜGGŐLEGES

42 - Vacaciones #2

F	E	V	I	H	J	R	B	M	L	S	T	H	R	O
O	Y	T	M	E	R	E	T	T	É	Z	E	A	A	M
G	F	E	M	G	O	G	A	D	V	A	G	M	X	R
L	S	E	N	Y	T	N	N	F	E	B	I	F	G	I
A	D	Z	A	E	Á	E	O	A	L	A	Z	J	O	N
L	E	H	Á	K	S	T	V	Z	T	D	S	Y	K	Y
Á	T	T	A	L	R	E	L	P	Ú	I	S	K	M	A
S	R	É	T	Ő	L	Ü	P	E	R	D	T	T	D	R
O	X	E	R	Y	I	O	C	P	L	Ő	R	B	E	A
K	M	V	Y	K	S	K	D	S	Á	Z	A	T	U	L
U	M	B	U	O	É	J	H	A	V	R	N	G	Y	Á
F	O	T	Ó	K	F	P	C	F	Í	J	D	J	E	S
S	Z	Á	L	L	Í	T	Á	S	Z	U	B	F	V	M
K	Ü	L	F	Ö	L	D	I	O	U	G	V	K	P	P
D	A	F	T	D	S	M	N	M	M	C	S	H	M	K

REPÜLŐTÉR
SÁTOR
KÜLFÖLDI
FOTÓK
SZÁLLODA
SZIGET
TÉRKÉP
TENGER
HEGYEK
SZABADIDŐ
ÚTLEVÉL
STRAND
FOGLALÁSOK
ÉTTEREM
TAXI
SZÁLLÍTÁS
VONAT
NYARALÁS
UTAZÁS
VÍZUM

43 - Matemáticas

T	P	K	T	S	H	Á	R	O	M	S	Z	Ö	G	F
Ö	Y	I	A	Z	F	D	B	O	Ö	S	S	Z	E	G
R	P	T	P	I	S	G	K	V	D	S	W	D	A	L
E	Á	E	O	M	S	Z	Ö	G	E	K	U	E	Y	D
D	R	V	L	M	S	Z	Á	M	O	K	T	G	I	A
É	H	Ő	I	E	U	T	M	M	S	Z	D	B	Á	B
K	U	T	G	T	N	T	E	L	N	E	Y	G	E	R
G	Z	K	O	R	A	I	R	T	E	M	O	E	G	U
S	A	C	N	I	T	R	Ő	R	É	M	T	Á	T	Y
X	M	A	G	A	M	I	L	G	Ö	M	B	C	V	R
N	O	J	F	R	Á	T	E	L	Ü	R	E	K	E	M
E	S	M	H	M	Z	G	G	R	Z	Z	G	X	I	R
V	D	H	V	A	S	X	E	N	T	T	B	Z	V	E
N	É	G	Y	Z	E	T	S	M	X	F	E	F	X	M
T	É	G	L	A	L	A	P	T	I	Z	E	D	E	S

SZÁMTAN
SZÖGEK
NÉGYZET
TIZEDES
ÁTMÉRŐ
EGYENLET
GÖMB
KITEVŐ
TÖREDÉK
GEOMETRIA

SZÁMOK
PÁRHUZAMOS
KERÜLET
MERŐLEGES
POLIGON
SUGÁR
TÉGLALAP
SZIMMETRIA
ÖSSZEG
HÁROMSZÖG

44 - Restaurante #1

T	I	B	T	V	Z	D	L	P	O	Z	Y	Y	E	E
S	Á	J	Á	U	P	A	A	I	G	R	E	L	L	A
É	Z	N	L	S	V	C	H	N	N	F	L	P	Ö	P
K	E	A	Y	U	A	I	Y	C	A	K	E	É	S	C
P	R	V	L	É	H	U	N	É	V	Á	K	N	S	Y
M	E	N	Ü	V	R	X	O	R	N	A	R	Z	Z	N
B	Z	Z	K	T	É	S	K	N	V	L	I	T	E	V
S	S	J	D	N	Y	T	V	Ő	E	C	S	Á	T	J
Á	I	N	N	E	N	I	A	O	R	T	C	R	E	L
L	M	G	Y	D	E	S	S	Z	E	R	T	O	V	Y
A	L	P	L	B	K	W	R	D	S	J	R	S	Ő	G
L	E	D	U	D	L	O	L	V	X	Ó	S	P	K	O
G	L	O	X	R	G	A	X	R	R	A	Z	K	B	U
O	É	C	G	O	M	R	V	N	M	W	M	S	U	M
F	Ű	S	Z	E	R	E	S	H	Ú	S	N	D	T	J

ALLERGIA
KÁVÉ
PÉNZTÁROS
PINCÉRNŐ
HÚS
KONYHA
ENNI
ÉLELMISZER
KÉS
ÖSSZETEVŐK
MENÜ
KENYÉR
FŰSZERES
TÁNYÉR
CSIRKE
DESSZERT
FOGLALÁS
SZÓSZ
SZALVÉTA
TÁL

45 - Profesiones #2

S	Z	H	J	R	B	Ű	R	H	A	J	Ó	S	Z	F
P	I	L	Ó	T	A	I	F	E	S	T	Ő	O	L	O
M	É	R	N	Ö	K	K	O	Y	X	S	F	V	L	G
X	S	Á	J	Z	R	G	U	L	T	Y	K	R	A	O
O	V	N	M	B	R	Ó	C	T	Ó	B	D	O	I	R
N	S	A	X	A	K	R	A	D	A	G	D	T	O	V
S	I	T	S	D	B	Í	Z	X	G	T	U	E	N	O
Y	P	Z	N	Y	O	G	B	Z	P	S	Ó	S	Y	S
L	E	V	P	K	Z	Á	B	J	I	E	W	Ó	O	O
N	Y	E	L	V	É	S	Z	Z	E	B	L	T	M	A
W	A	F	E	R	M	J	É	A	G	É	Z	O	O	G
D	C	E	H	V	O	Ú	O	T	M	S	X	F	Z	I
F	I	L	O	Z	Ó	F	U	S	R	Z	K	X	Ó	L
K	Ö	N	Y	V	T	Á	R	O	S	E	U	S	I	V
I	Z	F	E	L	T	A	L	Á	L	Ó	K	N	D	T

ŰRHAJÓS
KÖNYVTÁROS
BIOLÓGUS
SEBÉSZ
FOGORVOS
NYOMOZÓ
FILOZÓFUS
FOTÓS
MÉRNÖK
FELTALÁLÓ
KUTATÓ
KERTÉSZ
NYELVÉSZ
ORVOS
ÚJSÁGÍRÓ
PILÓTA
FESTŐ
TANÁR

46 - Naturaleza

N	Ő	L	N	I	K	É	D	I	V	K	R	A	S	X
T	D	S	F	S	I	E	Ö	E	N	X	N	X	Z	Y
A	R	T	M	N	J	K	K	G	F	M	G	V	É	L
Z	E	Ó	I	Z	Ó	R	E	P	C	Y	D	J	P	H
O	S	Y	P	N	D	G	D	L	B	L	K	M	S	J
B	Z	L	U	U	V	K	O	T	A	L	L	Á	É	W
M	E	O	F	G	S	R	E	S	C	C	E	L	G	M
O	N	F	H	E	I	I	Z	H	S	U	S	W	A	E
L	T	O	J	Y	L	G	M	F	É	B	C	A	T	N
J	É	N	S	P	Z	H	D	I	K	M	H	I	A	E
P	L	A	A	C	D	H	Ő	W	É	S	M	D	V	D
E	Y	W	T	M	Z	O	U	K	B	A	Z	T	I	É
L	É	T	F	O	N	T	O	S	S	Á	G	Ú	S	K
S	Ű	R	E	D	I	N	A	M	I	K	U	S	I	D
W	E	H	L	Z	L	J	I	Z	Y	D	V	A	D	V

MÉHEK
ÁLLATOK
SARKVIDÉKI
SZÉPSÉG
ERDŐ
SIVATAG
DINAMIKUS
ERÓZIÓ
LOMBOZAT
GLECCSER
KÖD
FELHŐK
BÉKÉS
MENEDÉK
FOLYÓ
VAD
SZENTÉLY
DERŰS
TRÓPUSI
LÉTFONTOSSÁGÚ

47 - Conduciendo

K	M	R	H	S	A	Z	Y	S	A	Y	J	W	M	G
X	W	Á	L	E	U	Ó	L	Z	M	L	J	R	N	I
W	P	P	L	Y	U	T	A	Á	D	É	A	K	K	B
F	É	K	E	K	C	U	C	R	P	Z	Á	G	N	B
A	K	É	K	U	X	A	R	A	U	S	E	X	Ú	M
F	R	R	I	T	X	N	F	G	D	E	G	U	J	T
V	É	E	K	A	M	I	O	N	G	V	Á	M	A	E
N	T	K	S	Z	Á	L	L	Í	T	Á	S	O	S	S
J	I	R	G	Y	A	L	O	G	O	S	N	T	E	E
P	W	O	D	E	Z	K	D	U	D	N	O	O	B	L
K	X	T	D	P	Y	Z	K	R	L	D	T	R	E	A
D	F	O	C	G	A	Y	N	A	M	E	Z	Ü	S	B
C	G	M	O	L	A	G	R	O	F	M	I	X	S	F
G	R	E	N	D	Ő	R	S	É	G	F	B	G	É	M
E	N	G	E	D	É	L	Y	I	R	Z	R	K	G	W

BALESET
UTCA
KAMION
AUTÓ
ÜZEMANYAG
FÉKEK
GARÁZS
GÁZ
ENGEDÉLY
TÉRKÉP
MOTORKERÉKPÁR
MOTOR
GYALOGOS
VESZÉLY
RENDŐRSÉG
BIZTONSÁG
SZÁLLÍTÁS
FORGALOM
ALAGÚT
SEBESSÉG

48 - Ballet

K	L	Z	E	N	E	S	Z	E	R	Z	Ő	K	Z	B
K	O	R	E	O	G	R	Á	F	I	A	B	Ó	R	P
M	R	X	T	Á	N	C	O	S	O	K	K	O	U	R
K	I	F	E	J	E	Z	Ő	W	G	P	X	A	V	I
Z	E	N	E	K	A	R	J	R	X	J	M	K	X	T
K	A	Z	S	K	N	N	Z	E	N	E	V	I	W	M
W	É	R	J	S	Á	T	I	Z	N	E	T	N	I	U
I	O	S	S	U	L	D	M	R	C	W	X	H	G	S
I	X	M	Z	T	A	P	S	I	E	Ó	K	C	E	S
H	Z	H	U	S	Y	N	K	M	D	L	G	E	S	T
N	N	M	H	G	É	L	K	M	W	Ó	A	T	Z	Í
N	G	N	O	Z	Z	G	K	T	I	Z	X	B	T	L
V	P	J	I	K	T	M	Ű	V	É	S	Z	I	U	U
G	Y	A	K	O	R	L	A	T	K	K	V	A	S	S
K	Ö	Z	Ö	N	S	É	G	Z	Y	D	D	M	P	L

TAPS
MŰVÉSZI
KÖZÖNSÉG
BALERINA
TÁNCOSOK
ZENESZERZŐ
KOREOGRÁFIA
PRÓBA
STÍLUS
KIFEJEZŐ
GESZTUS
KÉSZSÉG
INTENZITÁS
IZMOK
ZENE
ZENEKAR
GYAKORLAT
RITMUS
SZÓLÓ
TECHNIKA

49 - Fuerza y Gravedad

K	E	K	O	G	Á	S	N	O	D	J	A	L	U	T
F	O	Ó	Ö	D	P	M	E	N	Y	O	M	Á	S	M
T	I	G	W	Z	D	I	N	A	M	I	K	U	S	E
G	D	Y	K	O	P	U	M	U	P	H	S	X	M	C
É	Ő	L	L	J	I	O	P	Y	S	R	É	B	F	H
S	C	O	W	A	O	S	N	H	J	J	D	R	N	A
S	B	B	W	W	B	V	L	T	N	F	E	S	P	N
E	A	B	P	H	A	T	Á	S	X	X	K	Á	G	I
S	Ú	L	Y	Á	I	M	V	O	O	L	Z	D	Á	K
E	H	G	Á	S	L	O	V	Á	T	A	S	Ó	S	A
N	M	C	A	R	T	Y	T	E	N	G	E	L	Y	A
G	F	I	Z	I	K	A	A	P	A	S	J	R	G	L
Á	E	G	Y	E	T	E	M	E	S	Y	R	Ú	A	X
M	F	E	L	F	E	D	E	Z	É	S	E	S	N	R
S	E	B	E	S	S	É	G	K	M	J	T	U	G	O

KÖZPONT
FELFEDEZÉS
DINAMIKUS
TÁVOLSÁG
TENGELY
TERJESZKEDÉS
FIZIKA
SÚRLÓDÁS
HATÁS
MÁGNESESSÉG
NAGYSÁG
MECHANIKA
PÁLYA
SÚLY
BOLYGÓK
NYOMÁS
TULAJDONSÁGOK
IDŐ
EGYETEMES
SEBESSÉG

50 - Aventura

V	N	D	N	A	L	T	A	K	O	Z	S	T	K	L
E	G	E	L	A	N	O	V	T	Ú	V	L	E	I	E
S	É	J	H	I	V	M	R	V	Y	L	A	R	R	L
Z	S	A	I	É	Y	I	J	X	O	S	A	M	Á	K
É	Y	I	A	V	Z	X	G	S	X	O	B	É	N	E
L	N	H	N	E	S	S	U	Á	V	H	T	S	D	S
Y	E	X	V	W	B	P	É	C	C	B	M	Z	U	E
E	K	C	R	C	H	K	P	G	A	I	T	E	L	D
S	É	B	Á	T	O	R	S	Á	G	V	Ó	T	Á	É
K	V	L	P	J	S	Z	É	P	S	É	G	K	S	S
M	E	G	L	E	P	Ő	B	A	R	Á	T	O	K	I
Ö	T	O	L	Ú	A	U	T	A	Z	Á	S	O	K	F
R	X	N	I	H	J	I	B	N	D	B	O	I	V	B
Ö	L	O	B	I	Z	T	O	N	S	Á	G	M	B	P
L	E	H	E	T	Ő	S	É	G	V	J	Y	J	T	K

TEVÉKENYSÉG
ÖRÖM
BARÁTOK
SZÉPSÉG
NEHÉZSÉG
LELKESEDÉS
KIRÁNDULÁS
SZOKATLAN
ÚTVONAL
TERMÉSZET
NAVIGÁCIÓ
ÚJ
LEHETŐSÉG
VESZÉLYES
BIZTONSÁG
MEGLEPŐ
BÁTORSÁG
UTAZÁSOK

51 - Pájaros

Y	G	Ó	I	G	Y	G	F	S	C	W	G	X	H	K
B	M	G	É	M	J	Ó	M	S	Ó	S	Á	J	O	T
K	C	N	I	Z	O	L	L	Y	V	L	I	L	D	I
A	B	I	L	G	Ú	Y	T	T	A	H	Y	R	H	Y
C	É	M	C	E	V	A	C	D	R	H	R	O	K	O
S	R	A	S	T	R	U	C	C	J	N	M	K	M	E
A	E	L	O	B	P	S	F	H	Ú	J	C	C	P	G
F	V	F	W	W	H	J	W	H	H	F	X	S	D	J
F	K	A	K	U	K	K	A	C	E	P	J	Y	C	E
Y	P	E	L	I	K	Á	N	G	D	I	U	S	X	B
N	O	J	T	B	S	N	K	C	K	N	Á	K	U	T
P	A	P	A	G	Á	J	X	A	V	G	Z	A	N	A
E	J	P	M	S	I	R	Á	L	Y	V	T	H	F	P
B	S	G	A	L	A	M	B	H	J	I	N	O	R	T
B	R	V	Y	Y	X	S	R	L	P	N	W	U	D	J

STRUCC
SAS
GÓLYA
HATTYÚ
KAKUKK
VARJÚ
FLAMINGÓ
LIBA
GÉM
SIRÁLY
VERÉB
SÓLYOM
TOJÁS
PAPAGÁJ
GALAMB
KACSA
PELIKÁN
PINGVIN
CSIRKE
TUKÁN

52 - Geografía

A	Z	F	U	M	E	S	O	R	Á	V	G	Y	A	Z
T	E	N	G	E	R	Z	M	É	S	Z	A	K	T	J
E	X	Á	Á	T	L	É	D	A	G	S	X	É	L	Z
G	L	I	S	Ó	Y	L	O	F	G	J	G	D	A	N
I	P	D	Ú	T	A	E	K	S	Á	A	A	I	S	E
Z	É	I	Z	K	B	S	O	H	L	E	S	V	Z	G
S	K	R	S	W	N	S	N	I	I	T	Y	S	C	K
F	R	E	S	U	R	É	T	H	V	C	A	X	Á	G
H	É	M	O	G	A	G	I	F	F	D	C	J	K	G
S	T	L	H	R	W	S	N	N	M	F	Y	Y	L	Á
H	N	S	T	J	D	C	E	Y	G	T	P	I	D	Z
S	E	J	C	E	A	C	N	U	W	U	O	H	W	S
O	G	G	O	G	K	T	S	G	K	Z	S	G	D	R
E	S	P	Y	U	M	E	J	A	C	F	J	Y	F	O
T	E	R	Ü	L	E	T	A	T	P	D	R	R	J	X

MAGASSÁG
ATLASZ
VÁROS
KONTINENS
FÉLTEKE
SZIGET
SZÉLESSÉG
HOSSZÚSÁG
TÉRKÉP
TENGER
MERIDIÁN
HEGY
VILÁG
ÉSZAK
NYUGAT
ORSZÁG
VIDÉK
FOLYÓ
DÉL
TERÜLET

53 - Música

Y	G	W	Y	E	G	O	L	C	Z	É	L	Z	V	G
H	S	U	M	T	I	R	U	M	E	N	E	E	U	D
X	U	B	B	R	W	G	Y	N	N	E	M	N	U	O
A	K	B	A	L	L	A	D	A	E	K	Ó	É	A	P
N	I	L	P	Z	T	M	O	O	I	T	P	S	E	E
É	N	E	K	E	S	D	A	L	L	A	M	Z	S	R
K	O	T	S	U	R	Ó	K	A	D	Z	E	C	Z	A
Ö	M	É	M	D	M	Ö	T	A	L	D	T	I	K	É
L	R	V	E	I	C	T	G	P	F	B	A	V	Ö	N
T	A	L	Y	O	K	M	J	T	W	F	U	X	Z	E
Ő	H	E	F	N	V	R	R	J	Ö	D	C	M	C	K
I	C	F	G	U	T	I	O	S	E	N	K	X	D	E
R	D	G	M	R	K	M	U	F	I	B	Ö	C	I	L
H	A	R	M	Ó	N	I	A	E	O	T	U	Z	C	J
K	L	A	S	S	Z	I	K	U	S	N	H	S	Z	D

HARMÓNIA
HARMONIKUS
ALBUM
BALLADA
ÉNEKES
ÉNEKEL
KLASSZIKUS
KÓRUS
FELVÉTEL
RÖGTÖNÖZ
ESZKÖZ
DALLAM
MIKROFON
ZENEI
ZENÉSZ
OPERA
KÖLTŐI
RITMUS
TEMPÓ
ÉNEK

54 - Enfermedad

E	B	T	H	F	U	G	K	R	Ó	N	I	K	U	S
J	L	F	R	V	S	S	E	N	L	L	E	W	J	U
U	W	É	T	O	B	S	C	N	O	A	A	X	I	K
K	G	E	G	V	P	S	E	T	E	L	K	Ö	R	Ö
S	S	D	X	Z	G	K	Ő	D	Ü	T	T	E	S	T
Á	T	X	I	K	É	Y	G	Á	F	I	I	S	A	H
D	A	R	I	Z	H	S	E	F	W	C	V	K	N	E
A	L	L	E	R	G	I	A	N	B	W	E	O	A	T
L	T	E	R	Á	P	I	A	Z	G	R	G	T	F	I
L	I	M	M	U	N	I	T	Á	S	E	É	N	E	S
U	N	E	U	R	O	P	Á	T	I	A	S	O	R	Z
Y	B	C	U	A	M	Ó	R	D	N	I	Z	S	T	Í
G	H	A	J	H	H	D	V	F	X	X	S	C	Ő	V
O	X	E	F	P	D	V	M	W	F	E	É	I	Z	C
E	K	T	S	P	Y	Y	A	G	R	E	G	S	Ő	X

HASI
ALLERGIA
WELLNESS
FERTŐZŐ
SZÍV
KRÓNIKUS
TEST
GYENGE
GENETIKAI
ÖRÖKLETES
CSONTOK
GYULLADÁS
IMMUNITÁS
ÁGYÉKI
NEUROPÁTIA
TÜDŐ
LÉGZÉS
EGÉSZSÉG
SZINDRÓMA
TERÁPIA

55 - Actividades

M	B	F	Ö	D	O	E	O	T	O	Y	L	X	K	S
K	Ű	V	É	R	H	F	G	F	L	N	U	N	E	J
I	M	V	G	N	Ö	Y	B	W	M	É	L	F	R	R
K	Á	V	É	Y	Y	M	K	S	B	M	Z	M	Á	E
A	G	A	S	S	L	K	O	K	É	T	Á	J	M	J
P	I	R	Y	M	Z	G	É	S	Z	S	É	K	I	T
C	A	R	N	Y	S	E	S	P	K	E	S	V	A	V
S	B	Á	E	G	H	O	T	U	E	F	U	T	O	É
O	L	S	K	E	K	E	D	R	É	Z	K	A	L	N
L	B	M	É	T	Ú	R	Á	Z	Á	S	É	Z	V	Y
Ó	W	R	V	Ő	D	I	D	A	B	A	Z	S	A	E
D	D	V	E	O	P	B	R	V	N	A	F	Á	S	K
Á	A	B	T	A	Z	S	Á	L	A	H	P	D	Á	X
S	É	D	E	K	Z	S	É	T	R	E	K	A	S	I
K	É	Z	M	Ű	V	E	S	S	É	G	S	V	L	E

TEVÉKENYSÉG
MŰVÉSZET
KÉZMŰVESSÉG
VADÁSZAT
KERÁMIA
VARRÁS
FÉNYKÉPEZÉS
KÉSZSÉG
ÉRDEKEK
KERTÉSZKEDÉS

JÁTÉKOK
OLVASÁS
MÁGIA
SZABADIDŐ
HALÁSZAT
FESTMÉNY
ÖRÖM
KIKAPCSOLÓDÁS
REJTVÉNYEK
TÚRÁZÁS

56 - Verduras

S	U	W	I	O	O	A	P	É	R	R	É	H	E	F
O	P	B	P	A	D	L	I	Z	S	Á	N	R	L	O
L	S	E	O	A	L	P	D	V	E	T	D	E	G	K
A	I	H	N	R	É	B	M	Ö	Y	G	A	T	D	H
J	Z	U	G	Ó	K	P	J	R	A	F	P	E	F	A
B	Y	P	M	W	T	A	M	Y	G	A	H	K	D	G
O	B	P	E	T	R	E	Z	S	E	L	Y	E	M	Y
G	U	Z	E	L	L	E	R	T	X	R	B	Z	X	M
Y	R	I	G	M	A	C	L	R	Y	U	R	E	L	A
Ó	G	S	Á	R	G	A	R	É	P	A	O	H	W	T
M	O	S	C	I	D	A	R	A	P	V	K	E	J	Á
J	N	E	E	G	K	T	P	V	D	K	K	P	D	L
E	Y	B	O	R	S	Ó	Ö	Y	O	M	O	W	V	A
C	A	B	M	O	G	M	S	K	Z	B	L	D	T	S
T	S	X	M	Y	H	A	K	Ó	S	C	I	T	R	A

FOKHAGYMA
ARTICSÓKA
ZELLER
PADLIZSÁN
BROKKOLI
TÖK
HAGYMA
SALÁTA
SPENÓT
BORSÓ
GYÖMBÉR
FEHÉRRÉPA
OLAJBOGYÓ
BURGONYA
UBORKA
PETREZSELYEM
RETEK
GOMBA
PARADICSOM
SÁRGARÉPA

57 - Formas

H	K	Ö	R	E	G	N	E	H	X	T	K	A	B	O
S	I	L	Á	V	O	K	O	L	P	V	E	P	C	G
O	P	P	T	O	X	F	N	M	E	P	R	U	O	T
B	Z	A	E	D	E	Z	B	I	S	Í	E	H	O	E
O	A	L	Z	R	É	L	E	K	K	V	K	Y	F	L
P	I	A	Y	Z	B	G	Ö	M	B	O	V	C	G	L
M	W	L	G	R	K	O	L	I	W	O	C	I	G	I
Z	V	G	É	O	B	U	L	A	D	L	O	K	H	P
W	C	É	N	F	S	P	W	A	M	K	O	R	A	S
L	T	T	H	Y	O	Ú	O	V	O	N	A	L	M	Z
T	D	X	Z	G	M	K	R	L	J	B	V	H	Z	I
H	Á	R	O	M	S	Z	Ö	G	I	I	K	B	I	S
P	I	R	A	M	I	S	L	F	M	G	N	L	R	D
P	X	D	I	X	S	G	M	W	M	I	O	Z	P	R
L	W	W	R	D	S	O	G	V	E	A	P	N	N	J

ÍV
ÉLEK
HENGER
KÖR
KÚP
NÉGYZET
KOCKA
ELLIPSZIS
GÖMB
SAROK
HIPERBOLA
OLDAL
VONAL
OVÁLIS
PIRAMIS
POLIGON
PRIZMA
TÉGLALAP
KEREK
HÁROMSZÖG

58 - Flores

V	D	M	S	J	J	C	L	O	B	C	L	A	N	P
L	I	A	T	E	D	L	S	Ó	O	X	D	L	A	I
H	S	I	U	V	S	Y	P	O	H	U	Y	U	P	T
O	R	C	H	I	D	E	A	A	K	E	A	D	R	Y
A	I	N	É	D	R	A	G	A	C	O	R	N	A	P
B	M	I	Á	R	Ó	Z	S	A	Z	G	R	E	F	A
A	A	M	O	R	I	Z	S	W	S	X	F	V	O	N
Z	G	Z	G	U	C	M	Á	K	U	A	B	E	R	G
S	N	Á	Y	X	N	I	K	O	K	F	O	L	G	T
A	Ó	J	V	G	U	U	S	W	Z	E	F	P	Ó	U
R	L	P	É	Z	S	R	O	Z	S	Z	Á	Z	S	L
Ó	I	I	K	I	R	P	X	M	I	K	K	U	U	I
Z	A	O	V	F	D	R	T	S	B	D	T	A	J	P
S	L	I	L	I	O	M	W	Z	I	P	L	D	X	Á
A	H	C	Z	A	R	H	A	O	H	F	R	K	U	N

MÁK
PITYPANG
GARDÉNIA
NAPRAFORGÓ
HIBISZKUSZ
JÁZMIN
LEVENDULA
LILIOM
MAGNÓLIA
SZÁZSZORSZÉP
NÁRCISZ
ORCHIDEA
BAZSARÓZSA
SZIROM
CSOKOR
RÓZSA
LÓHERE
TULIPÁN

59 - Astronomía

R	F	A	S	Z	T	E	R	O	I	D	A	V	D	P
A	Ö	É	C	S	I	L	L	A	G	Á	S	Z	K	S
K	L	L	G	S	Á	Z	O	K	T	A	Y	G	O	F
É	D	L	O	H	U	Z	Y	Y	M	A	V	S	T	I
T	K	A	P	É	K	G	A	L	L	I	S	C	A	U
A	O	Ö	B	O	E	Z	Á	T	Á	V	C	S	Ő	C
F	F	R	D	A	V	Ó	N	R	E	P	U	Z	S	M
A	L	F	J	F	P	G	V	Y	Z	M	M	H	I	Ű
K	O	H	V	N	O	V	C	N	S	Á	U	O	X	H
M	E	T	E	O	R	L	G	E	O	E	S	P	A	O
Ű	R	H	A	J	Ó	S	T	F	M	W	F	T	L	L
B	O	L	Y	G	Ó	S	B	S	Z	I	N	E	A	D
U	N	I	V	E	R	Z	U	M	O	Z	P	H	G	K
D	K	B	V	K	U	D	W	N	K	H	U	I	W	L
X	O	N	H	G	R	A	V	I	T	Á	C	I	Ó	D

ASZTEROIDA
ŰRHAJÓS
CSILLAGÁSZ
ÉG
RAKÉTA
CSILLAGKÉP
KOZMOSZ
FOGYATKOZÁS
GALAXIS
GRAVITÁCIÓ
HOLD
METEOR
KÖDFOLT
BOLYGÓ
SUGÁRZÁS
MŰHOLD
SZUPERNÓVA
TÁVCSŐ
FÖLD
UNIVERZUM

60 - Tiempo

Z	E	V	H	É	T	T	T	S	B	N	N	N	E	N
X	T	H	J	R	E	P	A	N	Ó	H	B	F	L	T
N	P	É	V	E	S	I	A	R	O	K	O	B	Ő	H
A	A	E	M	Y	Ő	L	É	D	L	C	Z	N	T	P
Z	N	P	R	É	V	L	O	A	O	F	E	R	T	P
U	A	S	T	C	Ö	A	R	Ó	S	Z	Á	Z	A	D
J	U	E	L	Á	J	N	T	E	G	N	A	P	R	K
Y	A	L	D	H	R	A	G	K	K	O	R	H	E	L
M	B	H	S	H	T	T	B	L	N	A	U	B	G	P
C	O	É	J	S	Z	A	K	A	R	X	A	R	G	V
J	R	S	É	V	T	I	Z	E	D	L	V	I	E	E
U	P	O	T	S	C	P	W	I	R	B	Z	G	L	S
H	J	V	P	R	H	G	L	M	A	S	N	N	M	H
L	H	O	K	W	O	N	N	O	H	E	I	C	K	U
P	X	D	X	L	S	B	P	H	E	N	R	K	I	H

MOST
ELŐTT
ÉVES
ÉV
TEGNAP
NAPTÁR
ÉVTIZED
NAP
JÖVŐ
ÓRA
MA
REGGEL
DÉL
HÓNAP
PERC
PILLANAT
ÉJSZAKA
HÉT
SZÁZAD
KORAI

61 - Paisajes

S	U	X	T	U	W	T	X	J	B	D	F	U	I	L
T	T	J	O	K	L	U	B	T	É	D	D	G	A	A
R	P	V	R	E	G	N	E	T	L	G	G	P	U	G
A	P	Z	K	S	V	D	Z	E	P	T	H	T	M	Ú
N	E	N	O	K	H	R	Í	Z	J	E	G	E	B	N
D	Ó	Y	L	O	F	A	S	Z	I	G	E	T	G	A
V	T	I	A	H	E	G	Y	B	B	I	V	J	A	Y
E	Ö	M	T	S	L	B	G	A	R	Z	Í	H	T	V
C	I	L	O	H	E	L	D	R	G	S	Z	C	A	U
O	C	T	G	C	I	S	H	L	B	L	E	F	V	L
Á	W	M	K	Y	S	M	O	A	B	É	S	L	I	K
Z	N	R	E	C	P	Á	C	N	E	F	É	O	S	Á
I	V	E	E	L	A	V	R	G	I	M	S	P	Z	N
S	D	H	Z	G	L	E	C	C	S	E	R	H	P	N
Y	U	Y	G	G	J	W	O	D	X	S	K	W	V	P

VÍZESÉS
BARLANG
SIVATAG
TORKOLAT
GEJZÍR
GLECCSER
JÉGHEGY
SZIGET
TÓ
LAGÚNA
TENGER
HEGY
OÁZIS
MOCSÁR
FÉLSZIGET
STRAND
FOLYÓ
TUNDRA
VÖLGY
VULKÁN

62 - Días y Meses

A	H	É	F	E	B	R	U	Á	R	B	J	S	C	V
N	U	V	S	P	I	R	H	F	X	Y	S	Z	S	A
A	G	G	Z	P	S	M	A	Ó	W	B	U	E	Ü	S
P	R	Á	U	N	A	J	W	Y	N	T	L	P	T	Á
T	X	N	G	S	U	I	N	Ú	J	A	I	T	Ö	R
Á	J	E	C	X	Z	K	Y	F	D	P	P	E	R	N
R	I	X	S	Ő	F	T	É	H	V	Z	G	M	T	A
Á	P	R	I	L	I	S	U	S	N	K	F	B	Ö	P
J	Ú	L	I	U	S	W	S	S	Z	D	D	E	K	O
P	É	N	T	E	K	U	K	V	U	O	Y	R	I	I
S	Z	E	R	D	A	B	E	G	N	K	M	T	N	U
H	É	T	H	M	N	M	A	R	W	V	E	B	C	B
R	U	B	A	V	N	T	J	D	U	R	T	U	A	D
I	W	M	V	O	K	V	P	I	Z	D	J	L	D	T
N	O	V	E	M	B	E	R	E	B	Ó	T	K	O	S

ÁPRILIS
AUGUSZTUS
ÉV
NAPTÁR
VASÁRNAP
JANUÁR
FEBRUÁR
CSÜTÖRTÖK
JÚLIUS
JÚNIUS

HÉTFŐ
KEDD
HÓNAP
SZERDA
NOVEMBER
OKTÓBER
SZOMBAT
HÉT
SZEPTEMBER
PÉNTEK

63 - Biología

E	N	Z	I	M	M	C	K	V	T	D	S	V	K	H
F	O	T	O	S	Z	I	N	T	É	Z	I	S	R	Ü
S	E	T	E	Z	S	É	M	R	E	T	S	N	O	L
T	A	W	O	T	A	Ő	H	V	A	W	I	J	M	L
W	F	M	I	N	U	Ó	L	Z	G	R	Z	V	O	Ő
B	A	K	T	É	R	I	U	M	O	K	Ó	E	S	C
I	I	W	J	G	D	C	O	G	E	D	I	M	Z	Ó
R	M	C	E	A	T	Á	C	Z	T	U	B	B	Ó	I
J	Ó	V	S	L	H	T	K	R	M	J	M	R	M	C
M	T	I	N	L	Y	U	N	H	O	Ó	I	I	A	Ú
T	A	H	O	O	Y	M	T	A	S	O	Z	Ó	Y	L
A	N	R	R	K	M	B	W	H	H	A	S	I	Y	O
G	A	I	U	R	E	R	V	C	S	H	M	O	S	V
F	J	Z	E	V	E	G	O	F	E	H	É	R	J	E
R	F	P	N	P	Z	R	V	H	D	F	D	I	S	G

ANATÓMIA
BAKTÉRIUMOK
SEJT
KOLLAGÉN
KROMOSZÓMA
EMBRIÓ
ENZIM
EVOLÚCIÓ
FOTOSZINTÉZIS
HORMON
EMLŐS
MUTÁCIÓ
TERMÉSZETES
IDEG
NEURON
OZMÓZIS
FEHÉRJE
HÜLLŐ
SZIMBIÓZIS

64 - Jardinería

U	V	T	R	J	P	T	Ö	M	L	Ő	F	L	S	B
F	S	Ö	S	C	L	Ö	M	Ü	Y	G	I	M	G	O
D	O	G	Y	L	Á	T	R	A	T	F	R	T	W	T
S	G	X	S	P	A	C	O	H	G	Á	R	I	V	A
C	Á	É	G	H	A	J	L	A	T	O	H	M	K	N
Y	R	F	A	J	R	E	D	P	F	N	K	K	B	I
S	I	L	Á	N	O	Z	E	Z	S	E	O	H	W	K
K	V	A	X	H	K	X	G	H	Z	D	Z	Í	V	A
D	O	T	A	Z	O	B	M	O	L	V	S	V	T	T
L	X	M	Y	M	S	P	L	J	Z	E	I	F	W	A
D	S	T	P	U	C	J	Y	S	A	S	P	I	I	L
O	H	I	T	O	O	W	H	I	Y	S	W	Y	B	A
A	H	J	Y	T	S	O	I	J	L	É	V	E	L	J
S	U	K	I	T	O	Z	G	E	K	G	C	W	L	N
Y	U	J	S	E	M	Ő	T	E	H	E	T	P	L	S

VÍZ
BOTANIKA
ÉGHAJLAT
EHETŐ
KOMPOSZT
TARTÁLY
FAJ
SZEZONÁLIS
EGZOTIKUS
VIRÁG
VIRÁGOS
LOMBOZAT
LEVÉL
GYÜMÖLCSÖS
NEDVESSÉG
TÖMLŐ
CSOKOR
MAGOK
PISZOK
TALAJ

65 - Barbacoas

U	E	T	J	Z	Ö	L	D	S	É	G	E	K	N	A
Y	Z	S	Á	V	W	Z	S	A	M	F	K	B	A	A
R	O	A	T	C	Z	O	C	N	L	A	C	K	X	B
T	U	G	É	S	H	É	B	T	H	Z	H	O	M	A
A	C	C	K	H	B	Z	H	W	J	L	V	O	G	C
S	H	S	O	K	E	K	E	M	R	E	Y	G	R	P
A	A	A	K	I	R	R	I	N	X	E	U	D	I	G
L	G	L	A	F	Ó	H	I	A	E	R	T	V	L	Y
Á	Y	Á	P	A	R	A	D	I	C	S	O	M	L	Ü
T	M	D	S	R	R	K	É	S	E	K	S	N	W	M
Á	A	É	Z	O	O	Á	U	J	I	W	R	Ó	V	Ö
K	X	B	Ó	S	F	K	Y	O	C	J	O	D	X	L
T	N	E	S	C	S	L	R	N	P	C	B	Y	C	C
Z	F	C	Z	A	C	S	I	R	K	E	W	H	W	S
N	M	K	X	V	H	R	K	B	F	W	I	M	A	S

EBÉD
FORRÓ
HAGYMA
VACSORA
KÉSEK
SALÁTÁK
CSALÁD
GYÜMÖLCS
ÉHSÉG
JÁTÉKOK
ZENE
GYERMEKEK
GRILL
BORS
CSIRKE
SÓ
SZÓSZ
PARADICSOM
NYÁR
ZÖLDSÉGEK

66 - Ropa

X	L	D	F	H	H	U	H	P	I	Z	S	A	M	A
U	É	K	S	Z	E	R	E	K	L	K	E	J	V	W
S	Z	O	K	N	Y	A	I	N	G	T	C	H	M	I
F	Y	L	T	L	N	J	Z	X	N	X	H	Y	J	H
P	Y	Y	W	A	É	P	F	H	B	T	L	G	B	U
R	E	B	R	Z	T	K	G	J	W	D	K	D	N	R
X	L	E	Ő	T	Ö	K	R	A	K	Z	A	X	I	E
W	Á	T	U	M	K	E	J	L	Á	S	B	N	Ö	V
D	D	I	V	A	T	E	D	C	V	E	Á	A	W	Ó
K	N	Z	Y	R	I	H	S	M	P	K	T	D	F	L
L	A	A	V	V	U	N	J	Z	Z	I	M	R	B	U
J	Z	L	Y	R	B	H	C	G	T	U	N	Á	L	P
F	S	T	A	D	X	O	A	Y	L	Y	G	G	Ú	S
M	C	C	Ő	P	I	C	E	G	M	I	Ű	D	Z	E
I	R	G	F	B	Y	B	N	Y	A	K	L	Á	N	C

KABÁT
BLÚZ
SÁL
ING
DZSEKI
ÖV
NYAKLÁNC
KÖTÉNY
SZOKNYA
KESZTYŰ

ÉKSZEREK
DIVAT
NADRÁG
PIZSAMA
KARKÖTŐ
SZANDÁL
KALAP
PULÓVER
RUHA
CIPŐ

67 - Meditación

N	T	E	R	M	É	S	Z	E	T	O	B	D	U	J
E	Y	M	E	G	F	I	G	Y	E	L	É	S	D	K
K	G	U	F	I	G	Y	E	L	E	M	V	G	Z	E
E	S	Á	G	Z	O	M	M	N	S	P	O	X	L	D
M	G	G	K	O	T	A	L	O	D	N	O	G	J	V
L	M	Y	Z	C	D	Z	E	O	P	P	F	H	U	E
E	V	E	Ü	S	Á	T	R	A	T	T	S	E	T	S
Z	A	K	N	T	E	L	F	O	G	A	D	Á	S	S
R	V	É	R	T	T	K	E	Z	R	W	N	Z	R	É
É	S	B	O	L	Á	É	U	I	B	R	J	A	T	G
Z	G	J	F	K	Y	L	R	E	P	Z	F	I	U	Y
H	N	E	T	N	B	S	I	Z	W	A	D	Y	S	Z
F	F	B	X	Z	P	X	P	S	É	Z	G	É	L	E
H	Á	L	A	V	X	B	O	G	X	S	M	P	C	N
P	E	R	S	P	E	K	T	Í	V	A	H	L	T	E

ELFOGADÁS
FIGYELEM
KEDVESSÉG
NYUGODT
EGYÜTTÉRZÉS
ÉRZELMEK
HÁLA
MENTÁLIS
ELME

MOZGÁS
ZENE
TERMÉSZET
MEGFIGYELÉS
BÉKE
GONDOLATOK
PERSPEKTÍVA
TESTTARTÁS
LÉGZÉS

68 - Café

R	F	C	N	I	E	F	F	O	K	T	D	E	R	E
E	E	W	S	M	Ő	R	Ű	Z	S	M	V	A	I	D
G	K	U	G	É	L	A	E	F	G	N	O	Í	O	H
G	E	M	U	R	S	M	P	D	Y	D	U	R	Z	M
E	T	K	D	K	N	Z	H	D	E	F	A	J	T	A
L	E	W	C	B	N	U	E	F	K	T	A	R	G	C
F	X	I	U	M	X	Y	K	O	W	A	V	S	C	Y
V	R	J	K	S	Í	G	V	L	U	R	N	S	W	J
J	F	A	O	T	Z	D	K	Y	G	O	H	Y	K	T
M	A	R	R	B	S	A	V	A	S	M	I	I	W	S
K	E	S	E	R	Ű	R	Á	D	N	A	K	T	J	X
T	Z	F	P	R	H	Á	B	É	I	C	K	A	G	F
Y	J	R	I	N	T	L	Ö	K	R	Ö	P	L	W	J
A	E	R	Y	D	X	T	E	J	S	R	U	K	H	W
V	G	D	L	M	L	H	L	J	D	D	Z	F	T	L

VÍZ
KESERŰ
AROMA
PÖRKÖLT
CUKOR
SAVAS
ITAL
KOFFEIN
KRÉM
SZŰRŐ
TEJ
FOLYADÉK
REGGEL
DARÁL
FEKETE
EREDET
ÁR
ÍZ
CSÉSZE
FAJTA

69 - Libros

S	U	T	X	E	T	N	O	K	T	T	O	K	V	W
S	Z	T	R	A	G	I	K	U	S	R	L	A	L	W
E	T	E	Z	S	É	T	L	Ö	K	É	V	L	H	K
L	J	P	R	I	X	D	E	L	P	F	A	A	Y	R
A	B	T	A	Z	O	R	O	S	L	Á	S	N	N	E
P	G	É	S	S	Ő	T	T	E	K	S	Ó	D	É	G
R	F	Y	X	R	G	L	E	R	E	O	M	C	M	H
O	B	R	S	M	E	T	D	I	E	T	Y	I	E	U
T	Ö	R	T	É	N	E	L	M	I	G	E	X	T	I
Á	X	F	L	I	S	N	A	L	M	T	É	H	J	Í
R	W	B	D	K	N	É	D	A	F	W	L	N	Ű	R
R	M	V	E	R	S	T	L	D	J	C	N	I	Y	O
A	F	X	N	K	D	R	O	O	U	E	K	U	G	T
N	X	N	W	T	P	Ö	D	R	P	H	R	W	Z	T
T	F	H	A	Y	F	T	U	I	E	C	V	N	R	O

SZERZŐ
KALAND
GYŰJTEMÉNY
KONTEXTUS
KETTŐSSÉG
ÍROTT
TÖRTÉNET
TÖRTÉNELMI
TRÉFÁS
OLVASÓ
IRODALMI
NARRÁTOR
REGÉNY
OLDAL
VERS
KÖLTÉSZET
SOROZAT
TRAGIKUS

70 - Los Medios de Comunicación

M	I	X	H	I	R	O	B	A	D	K	K	N	M	V
F	M	D	N	O	F	K	A	A	I	I	O	Y	A	É
J	I	T	P	D	O	T	B	O	G	A	M	I	G	L
Z	K	N	N	G	T	A	A	N	I	D	M	L	A	E
J	G	E	A	N	Ó	T	O	L	T	Á	U	V	Z	M
N	S	Z	F	N	K	Á	L	I	Á	S	N	Á	I	É
I	Z	I	G	A	S	S	Z	N	L	J	I	N	N	N
Ú	E	L	P	B	T	Z	E	E	I	X	K	O	O	Y
J	L	C	V	A	H	T	Í	E	S	C	Á	S	K	F
S	L	G	X	B	R	A	I	R	C	A	C	E	G	I
Á	E	K	V	I	U	Z	K	T	O	P	I	H	O	K
G	M	S	G	E	V	Ó	N	K	Ű	Z	Ó	M	J	X
O	I	D	C	Z	V	L	J	Ó	I	D	Á	R	I	K
K	H	E	L	Y	I	Á	I	O	S	U	Ö	S	C	E
T	É	N	Y	E	K	H	B	P	W	K	I	K	S	D

ATTITŰDÖK
KOMMUNIKÁCIÓ
DIGITÁLIS
KIADÁS
OKTATÁS
ONLINE
FINANSZÍROZÁS
FOTÓK
TÉNYEK
IPAR
SZELLEMI
HELYI
VÉLEMÉNY
ÚJSÁGOK
NYILVÁNOS
RÁDIÓ
HÁLÓZAT
MAGAZINOK

71 - Nutrición

I	D	S	F	E	H	É	R	J	É	K	E	E	B	T
X	F	Z	A	F	S	D	Y	R	K	E	M	G	A	I
Ő	J	Ó	K	O	T	Á	R	D	I	H	N	É	Z	S
T	I	S	É	T	Z	S	É	M	E	S	E	S	J	T
E	O	Z	K	B	N	X	J	T	X	Z	R	Z	F	Á
H	D	X	V	I	T	A	M	I	N	O	J	S	K	P
E	P	Z	I	K	E	S	E	R	Ű	K	E	É	W	A
R	C	I	B	N	F	L	X	V	J	Á	S	G	K	N
M	Í	A	Y	M	I	F	U	O	Y	S	Z	E	M	Y
X	Z	K	A	L	Ó	R	I	A	X	O	T	S	I	A
V	G	X	U	F	Ú	M	U	X	T	K	É	L	N	G
V	K	I	J	R	J	S	A	X	J	É	S	C	Ő	T
G	A	B	O	N	A	F	É	L	É	K	I	A	S	C
R	E	G	É	S	Z	S	É	G	J	F	R	D	É	M
É	T	V	Á	G	Y	H	E	W	E	U	I	H	G	U

KESERŰ
ÉTVÁGY
MINŐSÉG
KALÓRIA
SZÉNHIDRÁTOK
GABONAFÉLÉK
EHETŐ
DIÉTA
EMÉSZTÉS
ERJESZTÉS
SZOKÁSOK
TÁPANYAG
SÚLY
FEHÉRJÉK
ÍZ
SZÓSZ
EGÉSZSÉG
EGÉSZSÉGES
TOXIN
VITAMIN

72 - Edificios

B	U	D	C	S	Z	Á	R	A	G	F	T	S	M	A
V	M	U	E	Z	Ú	M	D	S	O	V	O	T	O	W
P	N	K	G	Á	S	A	D	Z	A	G	R	A	Z	E
S	H	E	I	L	I	M	M	F	T	J	O	D	I	G
S	Á	K	A	L	R	B	U	D	J	U	N	I	L	Y
Z	V	B	J	O	P	N	I	B	A	K	Y	O	H	E
Í	T	Á	E	D	V	F	R	F	P	U	U	N	R	T
N	D	H	R	A	O	Z	Ó	X	K	N	I	U	J	E
H	D	Y	G	N	S	M	T	W	Ó	Y	M	O	E	M
Á	C	R	T	E	K	R	A	M	R	E	P	U	Z	S
Z	X	C	M	R	W	Á	R	G	H	V	G	I	O	N
S	Z	Á	L	L	Ó	Y	O	X	Á	L	J	V	K	A
L	P	W	X	E	R	G	B	V	Z	R	D	O	V	H
Z	K	B	F	M	L	K	A	L	O	K	S	I	N	A
Y	V	B	P	P	R	K	L	Y	C	H	F	E	B	V

SZÁLLÓ
LAKÁS
KABIN
VÁR
MOZI
ISKOLA
STADION
GYÁR
GARÁZS
PAJTA

GAZDASÁG
KÓRHÁZ
SZÁLLODA
LABORATÓRIUM
MÚZEUM
SZUPERMARKET
SZÍNHÁZ
TORONY
EGYETEM

73 - Océano

U	K	P	G	X	X	V	E	W	P	Z	S	P	W	H
Z	Á	T	O	N	Y	I	L	R	Y	L	Ó	J	A	H
O	R	P	F	V	T	H	Z	H	H	W	F	P	S	I
W	A	C	R	A	I	A	V	S	C	A	V	I	Z	S
A	L	C	Á	D	L	R	Z	O	L	G	L	L	F	N
I	É	S	K	Y	O	G	X	J	W	I	I	O	B	I
A	N	G	O	L	N	A	A	H	U	R	R	P	T	E
Z	R	X	Z	Á	I	B	P	P	O	T	G	V	O	L
H	A	T	B	P	F	M	Á	K	G	Z	A	E	N	F
U	G	R	W	A	L	E	C	L	U	S	N	R	H	F
S	C	X	W	R	E	D	I	R	N	O	W	M	A	L
X	T	X	H	Á	D	Ú	S	N	W	A	P	D	L	Z
K	O	R	A	L	L	Z	T	E	K	N	Ő	S	D	S
X	B	P	R	P	X	A	A	K	X	C	F	V	E	S
D	B	G	L	Y	H	L	K	N	S	C	I	H	O	R

ALGA
ANGOLNA
ZÁTONY
TONHAL
BÁLNA
HAJÓ
GARNÉLARÁK
RÁK
KORALL
DELFIN
SZIVACS
ÁRAPÁLY
MEDÚZA
OSZTRIGA
HAL
POLIP
SÓ
CÁPA
VIHAR
TEKNŐS

74 - Ciudad

V	K	Ö	N	Y	V	T	Á	R	C	Y	R	L	H	P
A	I	R	É	L	A	G	K	L	I	N	I	K	A	É
S	Z	R	K	I	U	B	E	G	Y	E	T	E	M	K
Z	O	Á	Á	Ö	S	K	F	H	L	J	L	Y	B	S
Í	M	T	G	G	N	K	B	H	E	R	O	Y	A	É
N	U	R	T	Y	Á	Y	O	D	D	T	B	C	N	G
H	E	E	R	H	W	R	V	L	D	N	U	Y	K	T
Á	Z	Z	E	N	V	É	U	E	A	N	G	I	O	G
Z	Ú	S	K	O	I	T	R	S	S	C	E	Y	J	F
N	M	Y	T	I	B	Ő	G	J	A	B	U	S	Z	T
J	R	G	A	D	O	L	L	Á	Z	S	O	D	Y	U
E	L	Ó	L	A	V	Ü	L	S	L	C	C	L	Z	U
F	E	Y	L	T	M	P	I	A	C	H	T	H	T	K
Z	E	G	Á	S	K	E	P	D	L	V	L	T	X	A
V	A	F	T	E	K	R	A	M	R	E	P	U	Z	S

REPÜLŐTÉR
BANK
KÖNYVTÁR
MOZI
KLINIKA
ISKOLA
STADION
GYÓGYSZERTÁR
VIRÁGÁRUS
GALÉRIA
SZÁLLODA
KÖNYVESBOLT
PIAC
MÚZEUM
PÉKSÉG
SZUPERMARKET
SZÍNHÁZ
BOLT
EGYETEM
ÁLLATKERT

75 - Agronomía

N	M	R	B	N	T	N	D	C	H	Z	A	I	D	G
Ö	E	E	E	I	V	U	Ö	N	T	K	O	G	A	M
V	Z	N	T	E	T	T	D	V	G	C	S	A	I	F
E	Ő	D	E	N	W	I	B	O	É	J	C	S	G	E
K	G	S	G	E	K	X	Y	P	M	N	X	É	Ó	N
E	A	Z	S	E	V	R	E	Z	S	Á	Y	Z	L	N
D	Z	E	É	E	R	Ó	Z	I	Ó	V	N	E	O	T
É	D	R	G	G	E	P	Í	H	G	D	Á	Y	K	A
S	A	E	E	E	N	C	V	M	H	G	M	N	Ö	R
T	S	K	K	R	N	R	L	R	U	C	L	N	U	T
R	Á	N	B	L	L	E	N	M	D	U	U	E	W	H
Á	G	R	S	F	E	E	R	N	E	J	N	Z	W	A
G	V	I	D	É	K	I	H	G	P	T	A	S	D	T
Y	T	E	R	M	E	L	É	S	I	E	T	U	B	Ó
A	S	Á	T	Í	S	O	N	O	Z	A	P	V	P	Y

MEZŐGAZDASÁG
VÍZ
TUDOMÁNY
SZENNYEZÉS
NÖVEKEDÉS
ÖKOLÓGIA
ENERGIA
BETEGSÉGEK
ERÓZIÓ
TANULMÁNY
TRÁGYA
AZONOSÍTÁS
SZERVES
NÖVÉNYEK
TERMELÉS
VIDÉKI
MAGOK
RENDSZEREK
FENNTARTHATÓ

76 - Deporte

P	T	Á	N	C	E	Z	X	K	H	T	S	L	N	H
I	R	X	U	E	D	Y	A	E	U	Á	G	É	Y	N
K	C	O	I	R	Z	K	T	R	O	P	S	L	Ú	S
V	I	S	G	Ő	Ő	A	É	É	F	L	F	E	J	U
N	T	T	O	R	W	R	I	K	L	Á	P	G	T	K
E	H	W	A	N	A	U	D	P	V	L	R	E	Á	I
C	C	L	G	R	T	M	D	Á	W	K	E	Z	S	L
Ú	S	Z	N	I	T	O	B	R	A	O	T	N	R	O
W	V	C	T	N	V	Á	K	O	T	Z	E	I	B	B
A	H	S	R	Y	E	F	S	Z	L	Á	S	T	Z	A
K	É	P	E	S	S	É	G	Á	É	S	T	E	S	T
E	G	É	S	Z	S	É	G	S	T	Y	Y	T	R	E
E	B	S	Á	L	Á	Z	I	L	A	M	I	X	A	M
D	G	O	A	V	M	V	I	T	P	N	X	I	I	A
I	Z	M	O	K	G	Y	V	P	L	L	Y	Z	O	L

ATLÉTA
TÁNC
KÉPESSÉG
KERÉKPÁROZÁS
TEST
SPORT
DIÉTA
EDZŐ
NYÚJTÁS
ERŐ
CSONTOK
MAXIMALIZÁLÁS
METABOLIKUS
IZMOK
ÚSZNI
TÁPLÁLKOZÁS
PROGRAM
KITARTÁS
LÉLEGEZNI
EGÉSZSÉG

77 - Actividades y Ocio

M	V	A	D	B	A	L	R	Á	S	O	K	S	P	P
F	Ű	D	S	A	O	H	F	U	Á	X	E	Z	J	I
U	P	V	E	Z	F	L	O	G	Z	W	M	Ö	C	H
T	T	T	É	E	J	L	G	L	S	U	P	R	K	E
B	L	N	O	S	D	A	L	E	Ú	N	I	F	V	N
A	F	S	E	I	Z	B	G	X	Y	E	N	Ö	Á	T
L	A	Á	H	Y	N	E	S	R	E	V	G	Z	S	E
L	E	D	W	C	B	S	T	N	X	X	O	É	Á	T
Y	E	O	S	Á	Z	A	T	U	D	E	E	S	R	Ő
C	O	K	R	R	H	B	T	E	N	I	S	Z	L	C
K	E	R	T	É	S	Z	K	E	D	É	S	M	Á	T
F	Y	Á	B	D	F	S	Á	Z	Á	R	Ú	T	S	M
L	Y	V	T	M	W	K	F	E	S	T	M	É	N	Y
A	I	Ú	L	M	E	O	H	A	L	Á	S	Z	A	T
V	W	B	O	A	D	B	A	L	P	Ö	R	S	T	Z

MŰVÉSZET
KOSÁRLABDA
BASEBALL
BOKSZ
BÚVÁRKODÁS
KEMPING
VERSENY
VÁSÁRLÁS
FUTBALL
GOLF
KERTÉSZKEDÉS
ÚSZÁS
HALÁSZAT
FESTMÉNY
PIHENTETŐ
TÚRÁZÁS
SZÖRFÖZÉS
TENISZ
UTAZÁS
RÖPLABDA

78 - Ingeniería

F	N	D	H	L	T	U	O	O	V	Y	L	Z	E	T
O	U	L	X	M	V	H	S	Á	L	Z	S	O	L	E
L	P	G	S	A	O	R	G	D	N	C	K	T	Z	N
Y	V	K	A	R	O	K	E	R	Ő	F	Y	I	O	G
A	G	R	S	G	S	Ú	R	L	Ó	D	Á	S	W	E
D	É	S	G	A	D	B	A	B	V	H	E	Y	M	L
É	S	G	N	I	Í	G	K	Ő	T	K	T	I	M	Y
K	Y	Z	G	D	Z	S	Z	E	R	K	E	Z	E	T
U	L	F	Ö	M	E	H	O	C	K	É	D	M	H	E
N	É	N	L	G	L	G	É	P	V	M	M	V	R	N
D	M	S	T	A	B	I	L	I	T	Á	S	T	X	E
M	J	J	X	S	B	M	O	T	O	R	F	S	Á	R
W	B	V	P	M	K	X	V	É	P	Í	T	É	S	G
M	E	G	H	A	J	T	Á	S	P	W	Y	D	Y	I
S	Z	Á	M	Í	T	Á	S	É	R	É	M	X	B	A

SZÖG
SZÁMÍTÁS
ÉPÍTÉS
DIAGRAM
ÁTMÉRŐ
DÍZEL
ELOSZLÁS
TENGELY
ENERGIA
STABILITÁS
SZERKEZET
SÚRLÓDÁS
ERŐ
FOLYADÉK
GÉP
MÉRÉS
MOTOR
KAROK
MÉLYSÉG
MEGHAJTÁS

79 - Comida #1

C	S	Á	R	G	A	R	É	P	A	F	W	H	K	G
Z	U	Z	Y	D	L	E	I	J	U	A	P	R	Á	Y
M	N	K	X	N	B	G	P	W	E	H	Y	E	H	Ü
E	O	X	O	J	S	U	W	L	E	É	V	P	A	M
S	A	P	É	R	R	É	H	E	F	J	Z	E	O	Ö
Ú	A	J	H	P	A	S	A	V	W	E	J	A	M	L
H	M	L	H	X	Z	P	O	E	S	T	N	T	K	C
X	X	A	Á	M	D	E	T	S	V	D	H	A	Ö	S
A	D	H	E	T	M	N	H	A	G	Y	M	A	R	L
H	P	N	D	I	A	Ó	S	Y	Z	I	O	B	T	É
U	W	O	M	J	G	T	J	V	T	K	R	Z	E	H
B	T	T	K	C	N	W	N	J	Z	H	T	F	W	A
X	R	W	O	Y	K	V	A	E	J	O	I	Y	T	X
F	O	K	H	A	G	Y	M	A	M	T	C	E	O	P
B	A	Z	S	A	L	I	K	O	M	L	H	M	W	K

FOKHAGYMA
BAZSALIKOM
TONHAL
CUKOR
FAHÉJ
HÚS
ÁRPA
HAGYMA
SALÁTA
SPENÓT
EPER
GYÜMÖLCSLÉ
TEJ
CITROM
MENTA
FEHÉRRÉPA
KÖRTE
SÓ
LEVES
SÁRGARÉPA

80 - Antigüedades

S	D	E	K	O	R	A	T	Í	V	I	A	Á	G	I
É	T	S	É	R	E	V	R	Á	J	K	K	R	A	H
R	N	Í	Z	V	H	I	T	E	L	E	S	O	L	J
M	Y	D	L	Á	R	É	G	I	T	L	N	B	É	É
É	R	H	D	U	Z	I	A	Z	W	X	N	O	R	V
K	J	E	O	L	S	A	H	I	P	F	Z	Z	I	T
M	I	N	Ő	S	É	G	D	X	K	S	J	S	A	I
C	B	A	C	M	Z	E	L	E	G	Á	N	S	É	Z
Z	Ú	L	Z	N	Ű	C	C	Y	E	Z	K	A	K	E
O	T	T	U	F	Z	V	T	M	V	Á	R	C	S	D
Y	O	A	T	E	P	X	É	Z	J	H	G	M	Z	E
S	R	K	É	R	T	É	K	S	E	U	Z	R	E	K
U	T	O	S	U	X	M	P	M	Z	R	X	L	R	X
S	X	Z	J	Z	B	B	N	F	J	E	V	M	E	C
R	K	S	C	L	U	S	U	D	E	B	T	W	K	S

MŰVÉSZET
HITELES
MINŐSÉG
DEKORATÍV
ÉVTIZEDEK
ELEGÁNS
SZOBOR
STÍLUS
GALÉRIA
SZOKATLAN
BERUHÁZÁS
ÉKSZEREK
ÉRMÉK
BÚTOR
ÁR
SZÁZAD
ÁRVERÉS
ÉRTÉK
RÉGI

81 - Literatura

F	T	P	J	A	T	O	D	K	E	N	A	T	W	K
K	Ö	L	T	Ő	I	Z	F	F	S	A	N	R	P	Ö
Z	W	B	W	S	Y	J	J	Y	Y	R	A	A	Á	V
D	T	O	Z	N	X	A	M	N	X	R	L	G	R	E
M	E	T	A	F	O	R	A	É	A	Á	Ó	É	B	T
S	S	L	M	A	B	T	X	G	B	T	G	D	E	K
Á	T	S	É	Z	M	E	L	E	R	O	I	I	S	E
R	U	Í	T	J	T	L	J	R	U	R	A	A	Z	Z
Í	G	V	L	Y	N	É	M	E	L	É	V	T	É	T
E	G	J	E	U	Y	J	Ő	Z	R	E	Z	S	D	E
L	H	R	U	R	S	K	Z	B	J	Í	C	R	V	T
N	F	X	J	R	S	U	M	T	I	R	M	N	J	É
N	P	I	C	N	P	E	C	N	T	G	A	T	I	S
F	X	Y	O	R	H	V	F	I	K	C	I	Ó	V	J
K	P	M	P	O	B	E	W	R	V	G	V	M	D	K

ANALÓGIA
ELEMZÉS
ANEKDOTA
SZERZŐ
ÉLETRAJZ
KÖVETKEZTETÉS
LEÍRÁS
PÁRBESZÉD
STÍLUS
FIKCIÓ
METAFORA
NARRÁTOR
REGÉNY
VÉLEMÉNY
VERS
KÖLTŐI
RÍM
RITMUS
TÉMA
TRAGÉDIA

82 - Química

E	H	Ő	M	É	R	S	É	K	L	E	T	S	R	G
D	L	H	V	N	L	C	F	H	P	E	I	Ú	E	U
X	D	E	W	K	Z	C	T	Ő	T	F	B	L	A	J
R	A	M	K	E	M	É	F	V	E	L	T	Y	K	M
C	I	R	O	T	Á	Z	I	L	A	T	A	K	C	I
B	E	K	X	S	R	S	S	U	I	S	V	A	I	L
H	O	U	I	Z	B	O	W	B	O	W	H	O	Ó	M
F	Z	Á	G	É	A	G	N	E	N	E	N	Z	I	M
O	F	K	É	N	A	Ú	M	O	L	E	K	U	L	A
L	E	K	N	C	B	L	H	X	F	T	A	W	A	V
Y	N	U	K	L	E	Á	R	I	S	O	F	F	H	R
A	Z	M	Y	E	B	K	L	A	Z	E	E	G	T	E
D	M	Z	J	C	E	L	V	G	S	F	O	D	J	I
É	B	A	J	S	O	Ó	F	J	E	S	A	A	U	I
K	S	N	É	G	O	R	D	I	H	Ó	A	V	G	Z

LÚGOS
SAV
HŐ
SZÉN
KATALIZÁTOR
KLÓR
ELEKTRON
ENZIM
GÁZ
HIDROGÉN
ION
FOLYADÉK
FÉMEK
MOLEKULA
NUKLEÁRIS
OXIGÉN
SÚLY
REAKCIÓ
SÓ
HŐMÉRSÉKLET

83 - Gobierno

F	Ü	G	G	E	T	L	E	N	S	É	G	W	M	P
D	R	L	A	H	Y	W	T	E	L	Ü	R	E	K	O
W	E	J	E	D	O	W	P	Ö	Z	L	Y	B	M	L
L	S	M	A	L	L	Á	W	T	R	A	S	J	F	I
E	B	J	O	S	E	P	S	E	Y	V	A	B	M	T
V	I	T	A	K	F	U	A	Z	J	B	É	Z	I	I
A	G	X	T	O	R	Z	O	M	R	V	R	N	L	K
L	Á	U	K	G	O	Á	V	E	Z	E	T	Ő	Y	A
K	S	M	X	O	P	D	C	N	E	M	Z	E	T	I
O	Ó	B	D	J	N	N	G	I	R	T	P	R	O	R
T	R	F	E	O	G	P	U	B	A	X	I	R	V	Á
M	Í	G	Á	S	D	A	B	A	Z	S	M	J	M	G
Á	B	M	M	H	Z	D	P	A	V	A	K	F	X	L
N	E	K	Ű	M	K	É	L	M	E	M	Z	Z	E	O
Y	I	Z	Z	D	F	J	D	D	E	O	E	Y	G	P

POLGÁRI
ALKOTMÁNY
DEMOKRÁCIA
JOGOK
BESZÉD
VITA
KERÜLET
ÁLLAM
FÜGGETLENSÉG
BÍRÓSÁGI
TÖRVÉNY
SZABADSÁG
VEZETŐ
EMLÉKMŰ
NEMZETI
NEMZET
POLITIKA

84 - Creatividad

V	Í	Z	I	Ó	K	É	L	E	T	E	R	Ő	D	B
F	O	L	Y	É	K	O	N	Y	S	Á	G	Y	P	E
D	X	C	A	E	P	I	I	A	M	Á	R	D	K	N
E	I	Ó	I	C	Á	Z	N	E	Z	S	U	Z	É	Y
G	É	S	S	E	L	E	T	I	H	L	P	A	P	O
S	P	O	N	T	Á	N	U	K	M	H	H	F	Z	M
É	G	U	É	P	L	V	Í	V	É	L	H	G	E	Á
Z	U	E	T	R	M	Y	C	F	R	S	I	B	L	S
E	Ö	A	H	I	Z	T	I	N	Z	T	Z	C	E	A
J	I	T	C	O	T	E	Ó	V	L	F	S	S	T	Y
E	T	A	L	G	T	L	L	V	F	A	É	F	É	R
F	E	A	T	E	I	H	Z	M	M	D	V	X	J	G
I	F	W	Y	L	T	I	O	F	E	D	Ű	N	L	Z
K	K	É	P	U	H	E	Y	S	N	K	M	D	M	J
Z	I	J	L	Y	N	O	K	É	L	Á	L	A	T	K

MŰVÉSZI
HITELESSÉG
DRÁMAI
ÉRZELMEK
SPONTÁN
KIFEJEZÉS
FOLYÉKONYSÁG
KÉSZSÉG
ÖTLETEK
KÉP
KÉPZELET
BENYOMÁS
IHLET
INTUÍCIÓ
TALÁLÉKONY
SZENZÁCIÓ
VÍZIÓK
ÉLETERŐ

85 - Filantropía

K	O	L	É	C	B	N	E	I	P	S	E	J	N	Ő
E	A	B	M	J	F	S	M	F	R	Z	M	Ó	N	S
K	T	P	J	F	T	É	B	J	O	Ü	B	T	A	Z
E	Ö	H	C	S	C	T	E	Ú	G	K	E	É	G	I
M	R	B	X	S	H	E	R	S	R	S	R	K	Y	N
R	T	H	W	I	O	D	E	Á	A	É	I	O	L	T
E	É	A	A	L	S	L	K	G	M	G	S	N	E	E
Y	N	L	R	Á	B	Ü	A	Z	O	M	É	Y	L	S
G	E	A	O	B	J	K	G	T	K	L	G	S	K	É
C	L	P	K	O	T	R	O	P	O	S	C	Á	Ű	G
V	E	O	X	L	E	L	M	B	L	K	X	G	S	Y
O	M	K	Y	G	Ü	Z	N	É	P	B	D	T	É	L
P	K	Ö	Z	Ö	S	S	É	G	V	Y	L	W	G	P
A	D	O	M	Á	N	Y	O	Z	F	M	G	U	O	P
W	L	F	V	H	N	Y	I	L	V	Á	N	O	S	P

JÓTÉKONYSÁG
KÖZÖSSÉG
KAPCSOLATOK
ADOMÁNYOZ
PÉNZÜGY
ALAPOK
NAGYLELKŰSÉG
EMBEREK
GLOBÁLIS
CSOPORTOK
TÖRTÉNELEM
ŐSZINTESÉG
EMBERISÉG
IFJÚSÁG
CÉLOK
KÜLDETÉS
SZÜKSÉG
GYERMEKEK
PROGRAMOK
NYILVÁNOS

86 - Clima

V	U	H	N	U	O	Y	H	H	V	D	Z	V	L	P
K	I	N	Ő	S	H	J	L	S	Z	É	L	I	Y	O
M	N	L	H	M	K	É	N	É	P	J	M	H	D	L
Z	B	A	L	P	É	G	U	C	G	É	G	A	U	Á
S	M	E	E	Á	V	R	Z	R	K	K	D	R	T	R
I	F	V	F	V	M	V	S	M	N	J	Ö	L	O	I
S	Z	Á	R	A	Z	A	N	É	Á	I	K	R	R	S
U	Y	T	D	E	X	E	O	N	K	Ő	O	I	N	O
P	B	Z	I	P	X	O	M	S	I	L	T	Y	Á	Z
Ó	A	S	Z	Á	L	Y	Y	C	R	L	E	E	D	O
R	K	O	Í	V	Y	E	D	L	R	E	E	T	Ó	F
T	P	G	V	B	J	M	H	F	U	Z	V	H	L	M
H	H	R	R	O	N	P	V	L	H	S	R	W	Y	L
X	E	X	Á	M	E	N	N	Y	D	Ö	R	G	É	S
É	G	H	A	J	L	A	T	N	X	X	L	H	V	D

LÉGKÖR
SZELLŐ
ÉG
ÉGHAJLAT
JÉG
HURRIKÁN
ÁRVÍZ
MONSZUN
KÖD
FELHŐ

POLÁRIS
VILLÁM
SZÁRAZ
ASZÁLY
HŐMÉRSÉKLET
VIHAR
TORNÁDÓ
TRÓPUSI
MENNYDÖRGÉS
SZÉL

87 - Comida #2

S	C	Z	A	K	E	D	A	L	Y	C	O	O	U	X
A	S	A	R	T	I	C	S	Ó	K	A	Z	Ú	B	O
J	E	T	N	Á	N	A	B	K	Z	A	M	I	U	Z
T	R	O	K	A	M	O	S	C	I	D	A	R	A	P
U	E	J	I	D	P	P	J	F	T	C	L	É	U	H
É	S	Á	V	X	L	R	A	Z	A	N	M	B	M	T
D	Z	S	I	T	C	J	A	D	W	J	A	M	A	G
Á	N	N	W	U	I	B	C	F	L	I	X	Ö	X	J
L	Y	F	O	X	H	O	I	S	O	I	Y	Y	O	U
O	E	O	C	H	V	Y	S	Z	I	R	Z	G	I	D
K	I	V	J	O	G	H	U	R	T	R	G	S	A	X
O	Z	E	L	L	E	R	É	Y	N	E	K	Ó	Á	H
S	Z	Ő	L	Ő	I	Y	E	H	C	O	X	E	H	N
C	M	A	N	D	U	L	A	D	R	J	T	W	L	D
S	J	G	C	P	W	E	X	U	J	V	D	A	H	I

ARTICSÓKA
MANDULA
ZELLER
RIZS
PADLIZSÁN
CSERESZNYE
CSOKOLÁDÉ
NAPRAFORGÓ
TOJÁS
GYÖMBÉR
KIVI
ALMA
KENYÉR
BANÁN
CSIRKE
SAJT
PARADICSOM
BÚZA
SZŐLŐ
JOGHURT

88 - Diplomacia

D	I	P	L	O	M	Á	C	I	A	I	E	H	F	T
L	V	K	J	G	L	C	A	H	T	G	G	U	E	A
I	A	O	T	D	É	X	F	H	I	K	Y	M	L	N
G	H	R	Y	U	O	S	H	Z	V	K	Ü	A	B	Á
A	E	M	C	Y	X	J	S	P	X	O	T	N	O	C
Z	R	Á	A	V	N	Z	E	Ö	Y	O	T	I	N	S
S	G	N	U	D	D	A	N	A	Z	F	M	T	T	A
Á	Á	Y	Y	K	M	U	Y	Y	T	Ö	Ű	Á	Á	D
G	S	Á	T	I	R	G	E	T	N	I	K	R	S	Ó
O	N	I	D	L	Ö	F	L	Ü	K	L	Ö	I	L	W
S	O	T	S	A	T	V	V	I	L	D	D	U	S	M
S	T	E	T	I	K	A	E	O	Z	S	É	S	B	L
Á	Z	E	E	P	A	T	K	X	B	T	S	H	N	P
G	I	V	H	D	K	N	A	G	Y	K	Ö	V	E	T
U	B	M	E	G	O	L	D	Á	S	V	B	A	V	X

TANÁCSADÓ
KÖZÖSSÉG
EGYÜTTMŰKÖDÉS
DIPLOMÁCIAI
VITA
NAGYKÖVET
KÜLFÖLDI
ETIKA
KORMÁNY
HUMANITÁRIUS
NYELVEK
INTEGRITÁS
IGAZSÁGOSSÁG
FELBONTÁS
BIZTONSÁG
MEGOLDÁS

89 - Herboristería

S	N	K	E	R	T	Y	U	T	C	U	O	P	M	A
Á	K	Ö	Ő	F	S	A	D	B	X	B	N	R	Y	K
F	A	M	V	G	N	I	R	A	M	Z	O	R	N	W
R	P	A	E	É	J	A	M	Y	G	A	H	K	O	F
Á	O	J	T	U	N	H	V	K	É	L	B	R	K	B
N	R	O	E	A	D	Y	A	E	S	U	A	Z	R	R
Y	W	R	Z	Z	X	N	D	G	Ő	D	Z	Ö	Á	E
Z	B	Á	S	Á	M	O	R	A	N	N	S	L	T	W
T	P	N	S	Z	L	K	E	R	I	E	A	D	X	J
Í	Z	N	Ö	T	K	P	N	A	M	V	L	I	M	G
M	B	A	U	K	E	Y	C	B	R	E	I	I	G	W
E	F	V	I	R	Á	G	E	L	D	L	K	L	H	N
N	É	D	E	S	K	Ö	M	É	N	Y	O	X	M	P
T	I	E	W	U	D	O	P	L	G	R	M	K	H	R
A	A	N	P	E	T	R	E	Z	S	E	L	Y	E	M

FOKHAGYMA
BAZSALIKOM
AROMÁS
SÁFRÁNY
MINŐSÉG
KONYHAI
KAPOR
TÁRKONY
VIRÁG
ÉDESKÖMÉNY
ÖSSZETEVŐ
KERT
LEVENDULA
MAJORÁNNA
MENTA
PETREZSELYEM
NÖVÉNY
ROZMARING
ÍZ
ZÖLD

90 - Energía

B	X	Ü	H	P	S	V	F	J	A	C	T	S	H	Ő
E	P	Z	Y	Z	X	N	O	T	I	N	B	M	X	S
N	C	E	Y	K	C	S	T	B	P	A	N	U	A	É
Z	R	M	G	K	P	P	O	W	Ó	I	V	E	Ó	Z
I	H	A	M	V	T	H	N	O	R	T	K	E	L	E
N	I	N	T	O	I	G	É	W	T	A	N	D	U	Y
B	D	Y	U	S	T	X	Z	F	N	H	P	S	J	N
M	R	A	R	Z	X	O	S	I	E	I	M	I	Ú	N
F	O	G	B	É	F	B	R	T	V	R	N	R	G	E
N	G	K	I	L	D	Í	Z	E	L	O	K	Á	E	Z
T	É	B	N	Z	A	V	W	V	G	D	J	E	M	S
Z	N	G	A	S	X	B	R	F	T	Ő	U	L	V	M
A	K	K	U	M	U	L	Á	T	O	R	Z	K	J	W
E	L	E	K	T	R	O	M	O	S	T	K	U	C	G
T	W	Z	I	S	K	S	T	D	W	I	M	N	A	M

AKKUMULÁTOR
HŐ
SZÉN
ÜZEMANYAG
SZENNYEZÉS
DÍZEL
ELEKTRON
ELEKTROMOS
ENTRÓPIA
FOTON
BENZIN
HIDROGÉN
IPAR
MOTOR
NUKLEÁRIS
MEGÚJULÓ
NAP
TURBINA
GŐZ
SZÉL

91 - Especias

P	S	S	U	K	R	E	C	K	S	K	O	F	B	S
A	I	Z	Í	T	P	E	B	Ö	K	B	X	O	C	A
P	Ű	R	E	S	E	K	J	M	R	R	B	K	S	V
R	V	H	Y	R	R	U	C	É	U	F	O	H	S	A
I	A	W	R	É	E	W	X	N	H	T	R	A	Z	N
K	N	V	K	K	I	C	E	Y	A	A	S	G	E	Y
A	Í	P	I	Ö	É	O	S	D	D	Z	F	Y	G	Ú
M	L	P	J	Y	D	Y	O	E	Y	A	J	M	F	S
Y	I	H	O	G	E	B	B	W	N	S	A	A	Ű	W
G	A	S	S	S	S	Z	I	N	Á	D	C	V	S	V
A	S	N	O	E	O	S	C	M	R	C	I	I	Z	J
H	V	N	B	D	X	E	C	I	F	K	P	Ó	E	G
N	P	Y	Y	É	S	N	N	Z	Á	Z	V	N	G	K
G	Y	Ö	M	B	É	R	L	L	S	S	N	S	X	A
R	U	M	É	D	E	S	K	Ö	M	É	N	Y	Ó	J

SAVANYÚ
FOKHAGYMA
KESERŰ
ÁNIZS
SÁFRÁNY
FAHÉJ
HAGYMA
SZEGFŰSZEG
KÖMÉNY
CURRY
ÉDES
ÉDESKÖMÉNY
GYÖMBÉR
SZERECSENDIÓ
PAPRIKA
BORS
ÉDESGYÖKÉR
ÍZ
SÓ
VANÍLIA

92 - Universo

L	E	S	P	E	I	V	J	T	T	B	L	H	S	X
F	J	G	Z	B	H	K	Y	Z	Á	G	E	O	Z	C
R	X	I	S	Z	E	E	L	Y	V	A	É	S	É	D
S	B	D	R	I	K	R	X	Z	C	L	T	S	L	D
Ő	T	Í	L	N	E	Y	G	E	S	A	M	Z	E	O
L	N	V	F	N	T	C	K	D	Ő	X	C	Ú	S	J
H	O	L	D	C	L	S	I	F	H	I	A	S	S	B
S	Z	R	H	K	É	I	G	É	C	S	H	Á	É	P
Ö	I	H	R	F	F	L	P	Á	L	Y	A	G	G	L
T	R	E	U	Ö	Ó	L	U	D	R	O	F	P	A	N
É	O	B	K	P	K	A	L	H	Y	O	J	B	B	B
T	H	C	V	I	S	G	V	Z	Y	F	X	K	W	H
S	W	N	A	P	G	Á	É	L	Á	T	H	A	T	Ó
É	P	I	N	W	K	S	D	L	I	B	S	M	L	Y
G	S	U	K	I	M	Z	O	K	T	W	N	K	U	L

CSILLAGÁSZ
LÉGKÖR
ÉGI
ÉG
KOZMIKUS
EGYENLÍTŐ
GALAXIS
FÉLTEKE
HORIZONT
SZÉLESSÉG
HOSSZÚSÁG
HOLD
SÖTÉTSÉG
PÁLYA
NAP
NAPFORDULÓ
TÁVCSŐ
LÁTHATÓ

93 - Jazz

K	O	N	C	E	R	T	L	W	T	I	M	H	K	Z
F	A	Z	G	C	D	A	D	V	R	M	Ű	A	S	E
Ö	S	S	Z	E	T	É	T	E	L	P	V	N	U	N
T	E	K	X	R	Y	V	H	U	A	R	É	G	M	E
R	F	O	S	U	M	T	I	R	D	O	S	S	T	S
A	L	B	U	M	R	T	T	J	I	V	Z	Ú	E	Z
K	G	O	L	F	H	É	A	T	G	I	I	L	C	E
E	X	D	Í	I	U	Í	G	M	D	Z	X	Y	H	R
N	X	N	T	Z	R	S	R	I	R	Á	F	Y	N	Z
E	J	E	S	Y	X	A	M	E	Z	C	Z	M	I	Ő
Z	K	B	W	A	A	H	N	Ű	S	I	E	A	K	H
K	E	D	V	E	N	C	E	K	F	Ó	N	G	A	V
T	E	H	E	T	S	É	G	N	B	A	E	W	C	K
C	L	S	N	R	P	F	H	Z	K	A	J	J	Y	L
Z	A	O	V	B	H	U	B	S	M	O	Ú	L	U	N

MŰVÉSZ
ALBUM
DAL
ÖSSZETÉTEL
ZENESZERZŐ
KONCERT
STÍLUS
HANGSÚLY
HÍRES
KEDVENCEK
MŰFAJ
IMPROVIZÁCIÓ
ZENE
ÚJ
ZENEKAR
RITMUS
TEHETSÉG
DOBOK
TECHNIKA
RÉGI

94 - Mediciones

H	C	H	E	D	N	M	V	Y	G	C	N	Y	T	Z
Ü	B	T	M	U	C	G	G	P	A	P	P	V	O	W
V	L	K	M	M	A	R	G	O	L	I	K	F	N	T
E	X	H	S	X	W	A	E	U	J	N	C	W	N	C
L	G	A	M	L	E	M	F	P	R	T	L	N	A	E
Y	R	L	C	M	G	M	U	W	V	F	Y	G	U	N
K	F	E	M	É	R	Ő	H	T	H	X	X	X	H	T
N	I	A	T	W	P	C	R	S	Ú	L	Y	B	O	I
G	Z	Z	G	É	S	S	E	L	É	Z	S	Á	S	M
T	Ö	M	E	G	M	Z	T	A	W	S	S	J	S	É
A	X	R	M	V	D	O	I	C	K	X	Z	T	Z	T
I	O	L	T	E	M	É	L	Y	S	É	G	W	J	E
C	I	J	U	I	W	J	T	I	Z	E	D	E	S	R
M	A	G	A	S	S	Á	G	S	K	W	E	D	M	I
C	F	X	E	M	L	Z	S	F	O	K	O	Z	A	T

MAGASSÁG
SZÉLESSÉG
BÁJT
CENTIMÉTER
TIZEDES
FOKOZAT
GRAMM
KILOGRAMM
KILOMÉTER
LITER
HOSSZ
TÖMEG
MÉRŐ
PERC
UNCIA
SÚLY
PINT
MÉLYSÉG
HÜVELYK
TONNA

95 - Barcos

V	U	A	D	D	W	H	O	I	W	E	Y	Á	X	F
B	I	R	E	G	N	E	T	H	C	A	J	R	I	R
L	J	T	R	E	G	N	E	T	G	O	D	B	S	P
K	P	X	O	V	Ó	T	F	R	A	F	C	O	N	P
E	I	S	T	R	Y	N	O	G	R	O	H	C	X	V
N	U	L	O	S	L	K	A	J	A	K	U	G	D	Y
U	R	H	M	I	O	Á	O	R	Z	C	E	T	S	B
K	H	K	I	B	F	Z	S	É	R	E	G	N	E	T
D	Ö	L	E	G	É	N	Y	S	É	G	F	O	G	U
V	A	T	A	E	Z	I	Z	A	B	Ó	J	A	M	O
E	T	G	É	B	A	A	N	U	G	J	K	W	W	Ó
S	Z	K	Á	L	K	K	O	M	Á	L	L	U	H	C
H	L	B	J	L	V	O	T	U	T	A	J	D	Z	E
C	P	L	O	I	Y	M	V	T	N	X	N	F	W	Á
T	I	M	K	W	A	P	Z	N	C	G	U	B	X	N

HORGONY
TUTAJ
BÓJA
KENU
KÖTÉL
KOMP
KAJAK
TÓ
TENGER
DAGÁLY
TENGERÉSZ
ÁRBOC
MOTOR
TENGERI
ÓCEÁN
HULLÁMOK
FOLYÓ
LEGÉNYSÉG
VITORLÁS
JACHT

96 - Antártida

D	S	O	Y	N	Á	M	O	D	U	T	W	C	E	F
G	P	L	H	K	X	I	S	Z	I	K	L	Á	S	E
L	Ö	B	Ö	G	H	G	V	R	C	A	Z	M	K	L
E	S	F	Y	F	H	R	R	Z	J	L	O	F	A	H
C	Z	Ö	A	I	F	Á	R	G	O	P	O	T	S	Ő
C	I	L	E	M	P	C	S	G	W	T	T	W	A	K
S	G	D	K	X	W	I	V	G	W	E	U	T	S	Y
E	E	R	A	Ö	P	Ó	F	Í	L	B	Y	E	N	B
R	T	A	R	B	R	E	S	É	Z	R	Ő	G	E	M
E	E	J	A	C	C	N	D	J	É	G	F	I	N	X
K	K	Z	D	K	G	I	Y	Í	U	P	L	Z	I	D
V	Ó	T	A	T	U	K	U	E	C	H	X	S	T	P
D	R	C	M	R	C	B	N	U	Z	I	U	L	N	C
P	I	N	G	V	I	N	E	K	Z	E	Ó	É	O	G
H	Ő	M	É	R	S	É	K	L	E	T	T	F	K	F

VÍZ
ÖBÖL
TUDOMÁNYOS
MEGŐRZÉS
KONTINENS
EXPEDÍCIÓ
FÖLDRAJZ
GLECCSEREK
JÉG
KUTATÓ
SZIGETEK
KÖRNYEZET
MIGRÁCIÓ
FELHŐK
MADARAK
FÉLSZIGET
PINGVINEK
SZIKLÁS
HŐMÉRSÉKLET
TOPOGRÁFIA

97 - Mamíferos

E	Ó	Z	S	T	S	M	V	I	P	H	H	Y	T	P
K	L	H	Y	E	U	A	M	M	E	D	V	E	H	R
N	E	E	A	V	U	C	A	W	K	G	M	W	B	É
K	K	N	F	E	B	S	G	W	Y	A	G	E	L	R
H	V	U	G	Á	U	K	D	E	L	F	I	N	M	I
B	G	U	K	U	N	A	L	L	I	R	O	G	A	F
Á	K	V	N	L	R	T	G	M	X	A	S	J	J	A
L	L	P	F	S	Á	U	X	S	G	G	S	D	O	R
N	G	S	D	V	M	U	B	L	T	E	C	T	M	K
A	K	I	B	N	A	K	Ó	R	N	Y	Ú	L	V	A
J	U	H	W	K	Z	Y	F	A	R	K	A	S	S	S
Z	E	B	R	A	S	B	T	K	B	B	U	B	J	Z
F	X	N	P	J	B	C	C	U	E	V	F	F	G	E
O	R	L	U	I	L	J	R	G	K	U	K	L	R	K
R	R	F	R	C	S	Y	W	H	Z	S	I	R	Á	F

BÁLNA
SZAMÁR
LÓ
TEVE
KENGURU
ZEBRA
NYÚL
PRÉRIFARKAS
DELFIN
ELEFÁNT

MACSKA
GORILLA
ZSIRÁF
FARKAS
MAJOM
MEDVE
JUH
KUTYA
BIKA
RÓKA

98 - Boxeo

H	K	J	S	É	R	Ü	L	É	S	E	K	N	Z	E
A	W	Á	F	M	X	P	L	I	J	J	W	S	Z	L
R	D	T	B	U	H	X	Á	G	R	B	D	R	S	L
A	L	É	D	Ű	F	E	L	É	P	Ü	L	É	S	E
N	T	K	Ö	Y	N	Ö	K	E	L	E	T	Ö	K	N
G	E	V	C	T	U	C	K	É	S	Z	S	É	G	F
F	R	E	T	Z	C	F	Z	A	Á	R	R	T	D	É
M	J	Z	E	S	J	M	N	P	G	H	O	I	F	L
R	B	E	S	E	T	C	E	M	Ú	P	E	Y	O	Ö
F	N	T	T	K	Z	X	G	B	R	B	K	V	G	K
B	Ó	Ő	R	E	X	X	S	I	N	S	X	A	V	Ö
V	V	K	K	I	M	E	R	Ü	L	T	A	V	E	G
K	C	N	U	P	O	N	T	O	K	K	E	R	Z	G
P	S	R	A	S	O	C	R	A	H	D	S	R	O	F
E	U	U	Y	E	Z	Z	L	A	C	T	L	V	E	K

JÁTÉKVEZETŐ
ÁLL
HARANG
FÓKUSZ
KÖNYÖK
KÖTELEK
TEST
SAROK
KIMERÜLT
ERŐ
KESZTYŰ
KÉSZSÉG
SÉRÜLÉSEK
HARCOS
ELLENFÉL
RÚGÁS
PONTOK
ÖKÖL
GYORS
FELÉPÜLÉS

99 - Abejas

B	E	P	O	R	Z	Ó	P	V	S	S	L	G	T	B
K	J	A	O	P	S	G	O	I	Z	O	Y	H	E	O
D	E	N	R	A	J	U	L	R	Á	K	R	N	A	C
J	P	R	K	T	Z	R	L	Á	R	F	Z	J	M	A
D	K	G	T	W	P	I	E	G	N	É	R	U	É	F
K	E	Y	N	É	V	Ö	N	O	Y	L	E	G	T	X
K	I	R	Á	L	Y	N	Ő	K	A	E	Z	P	Z	I
V	R	F	X	I	W	V	Y	C	K	S	S	J	S	V
K	I	R	Ü	U	E	T	S	X	D	É	I	M	I	H
A	D	A	C	S	S	W	Ö	S	C	G	M	V	Z	W
P	S	Y	S	L	T	G	Y	Ü	M	Ö	L	C	S	R
T	F	U	C	Z	A	D	N	N	S	R	E	O	O	O
Á	T	R	Y	É	X	T	Ő	P	G	S	L	Y	K	V
R	X	R	H	M	Z	S	L	Z	P	V	É	I	Ö	A
Y	M	V	I	R	Á	G	E	G	W	F	W	X	B	R

SZÁRNYAK
ELŐNYÖS
VIASZ
KAPTÁR
ÉLELMISZER
SOKFÉLESÉG
ÖKOSZISZTÉMA
RAJ
VIRÁG
VIRÁGOK
GYÜMÖLCS
FÜST
ROVAR
KERT
MÉZ
NÖVÉNYEK
POLLEN
BEPORZÓ
KIRÁLYNŐ
NAP

100 - Psicología

P	J	W	C	E	I	Ó	I	C	Á	Z	N	E	Z	S
A	P	J	K	N	S	L	W	E	L	W	M	Ö	É	É
I	X	R	A	A	C	Z	X	W	M	D	D	T	S	R
P	O	I	J	E	A	O	M	V	O	O	A	L	Z	E
E	U	H	U	M	E	J	J	É	K	U	T	E	L	M
É	R	T	É	K	E	L	É	S	L	N	Z	T	E	S
G	O	N	D	O	L	A	T	O	K	E	W	E	L	I
T	U	D	A	T	A	L	A	T	T	I	T	K	É	G
P	R	O	B	L	É	M	A	P	B	O	U	L	S	E
T	A	P	A	S	Z	T	A	L	A	T	O	K	E	M
K	O	N	F	L	I	K	T	U	S	O	W	G	R	N
K	L	I	N	I	K	A	I	T	E	R	Á	P	I	A
G	Y	E	R	M	E	K	K	O	R	O	N	D	E	O
V	A	L	Ó	S	Á	G	W	É	W	E	L	U	U	M
R	É	R	Z	E	L	M	E	K	N	G	Z	M	C	K

KLINIKAI
MEGISMERÉS
KONFLIKTUS
ÉN
ÉRZELMEK
ÉRTÉKELÉS
TAPASZTALATOK
ÖTLETEK
ESZMÉLETLEN
GYERMEKKOR
GONDOLATOK
ÉSZLELÉS
PROBLÉMA
VALÓSÁG
SZENZÁCIÓ
TUDATALATTI
ÁLMOK
TERÁPIA

1 - Agua

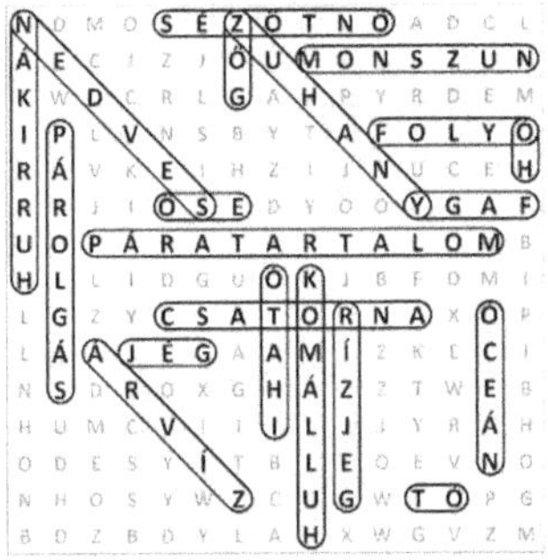

2 - Arqueología

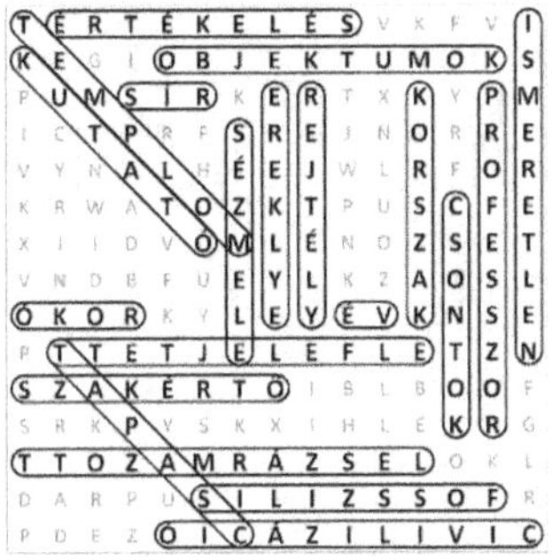

3 - Granja #2

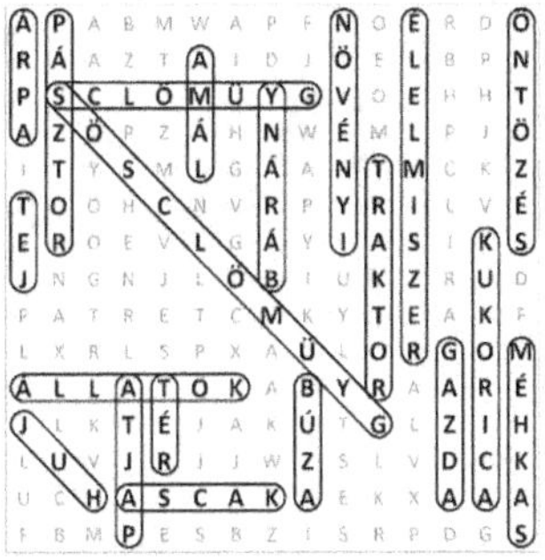

4 - La Empresa

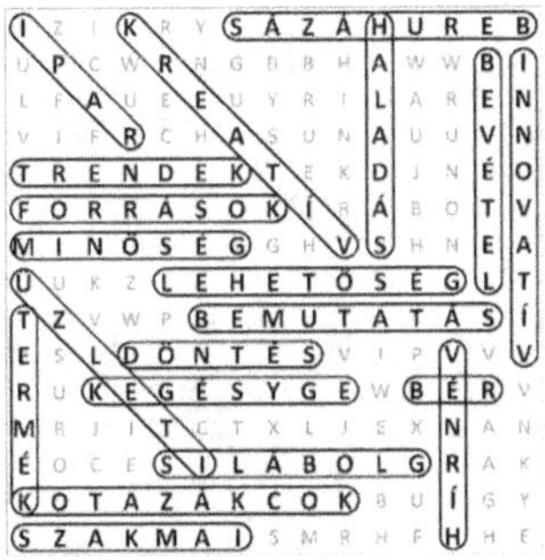

5 - Mueble

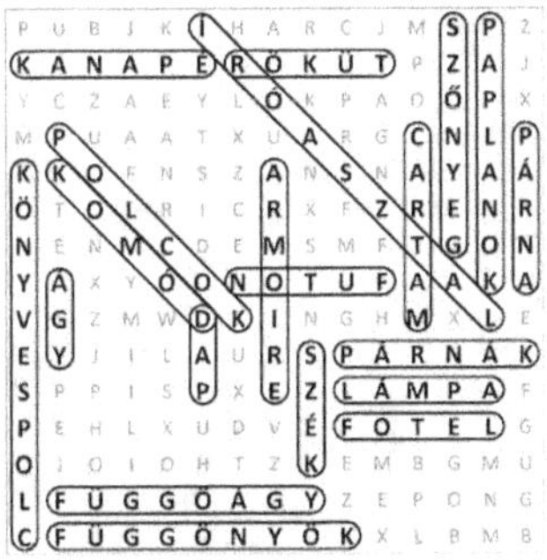

6 - Aviones

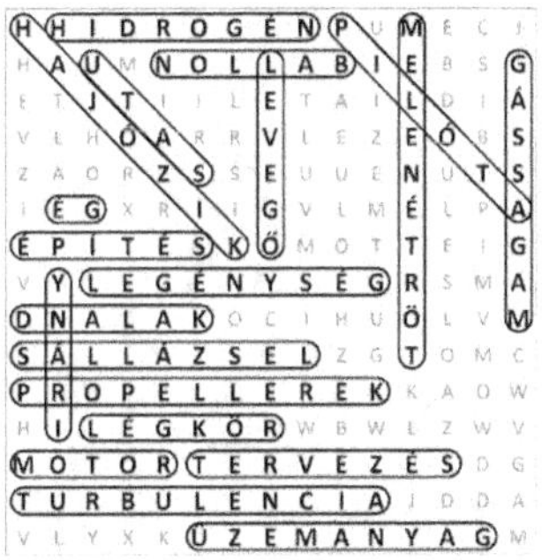

7 - Tipos de Cabello

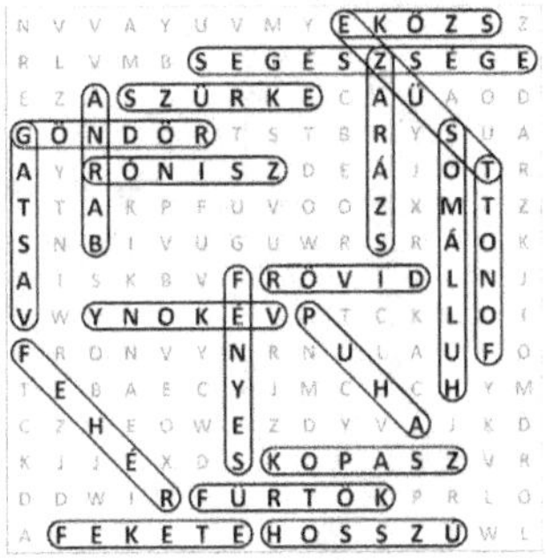

8 - Ciencia Ficción

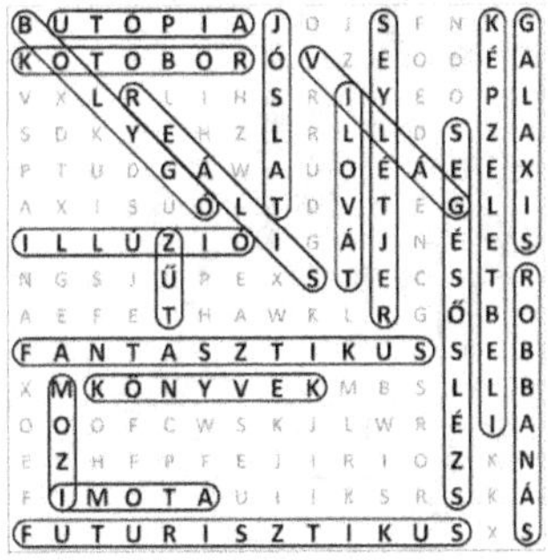

9 - Granja #1

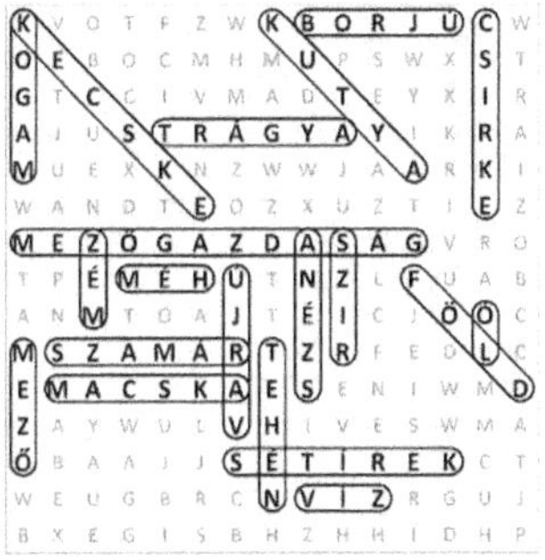

10 - Camping

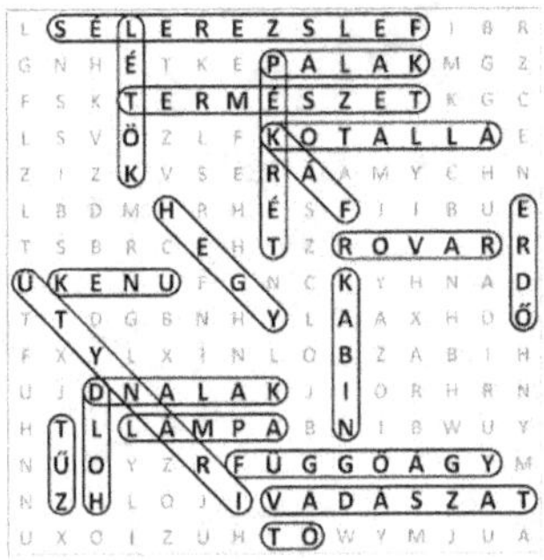

11 - Fruta

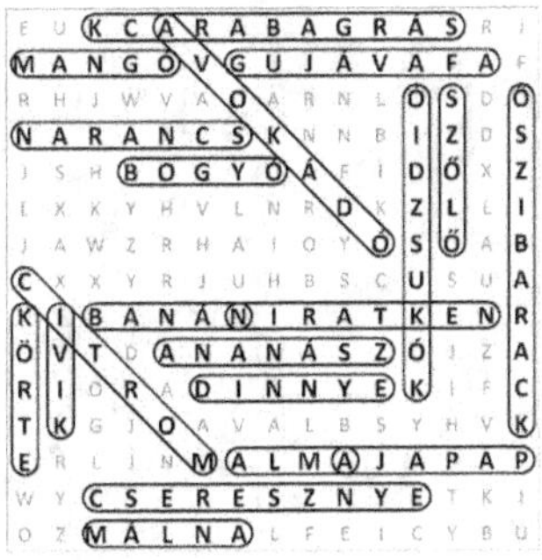

12 - Geología

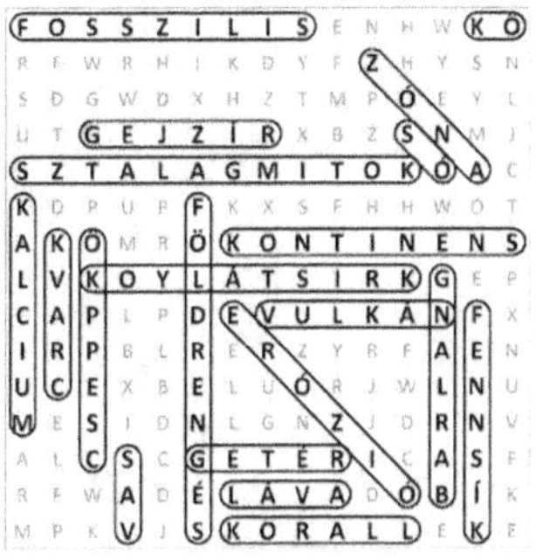

13 - Álgebra

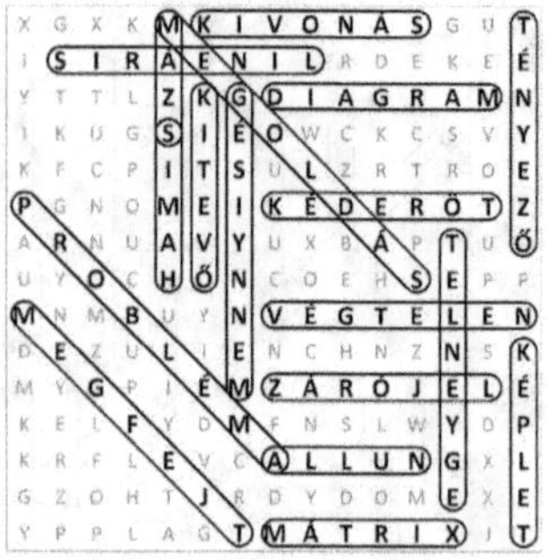

14 - Plantas

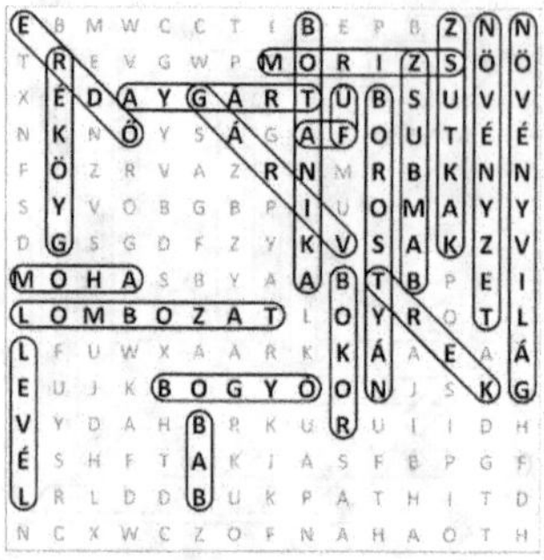

15 - Suministros de Arte

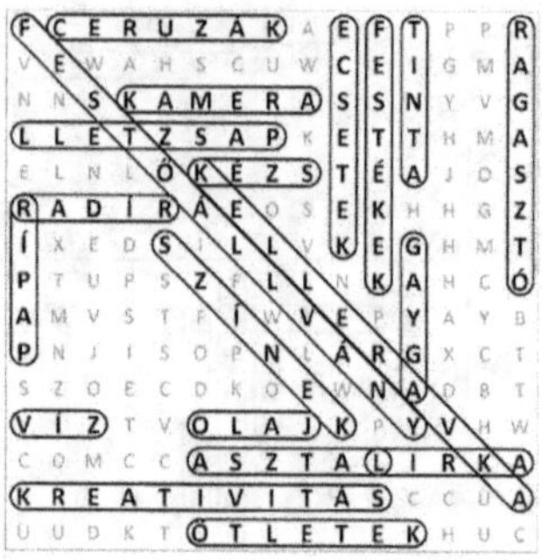

16 - Negocio

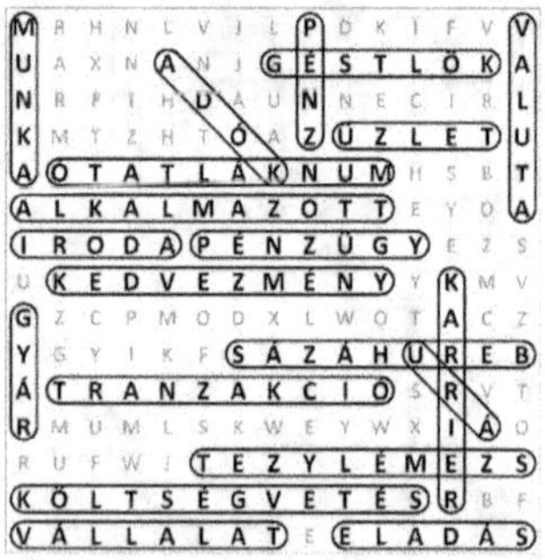

17 - Jardín

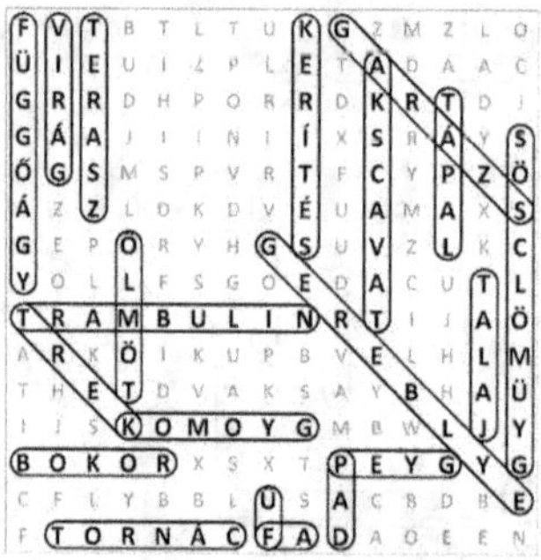

18 - Países #2

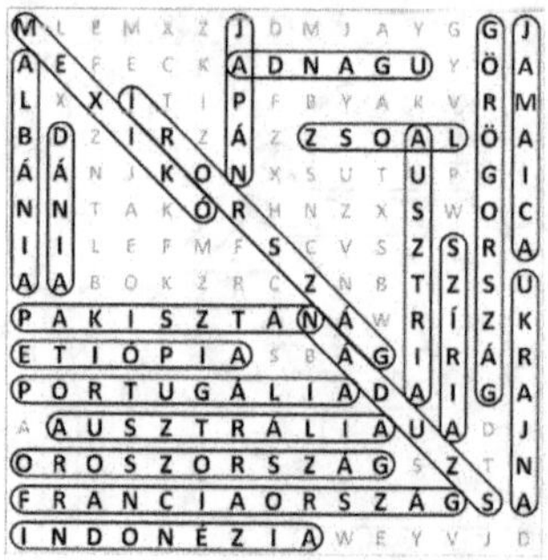

19 - Números

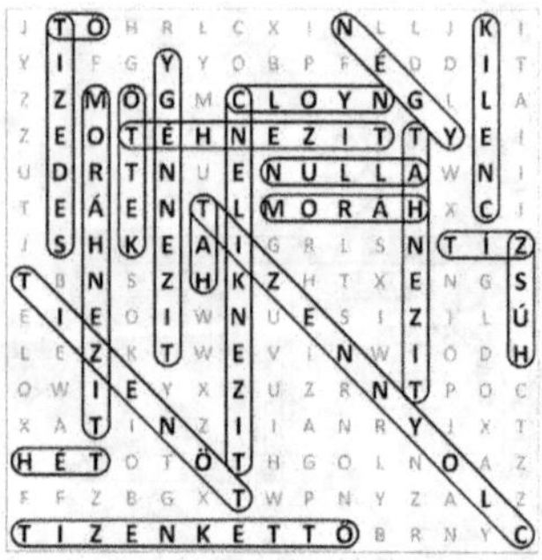

20 - Física

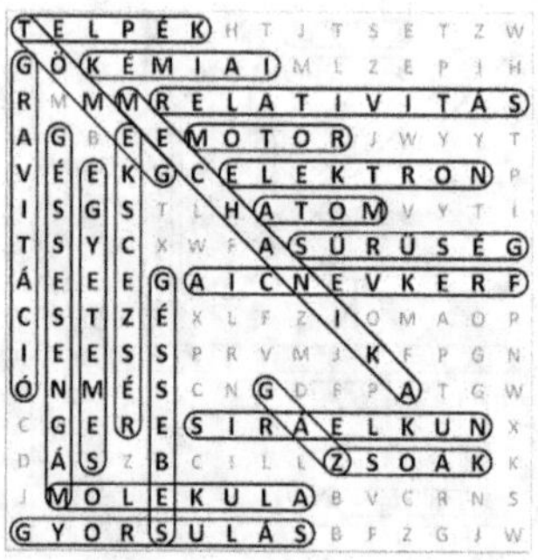

21 - Belleza

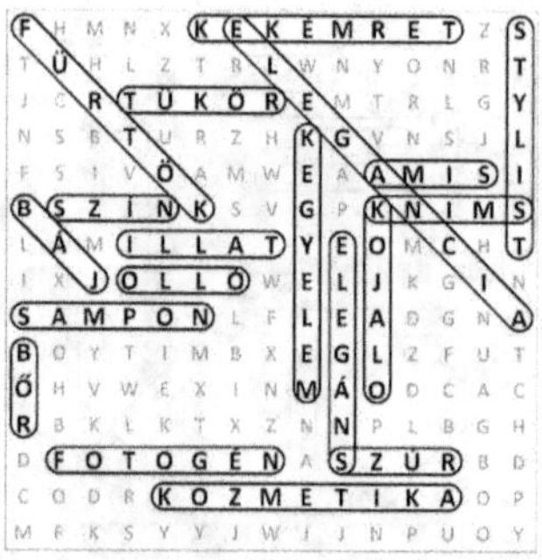

22 - Países #1

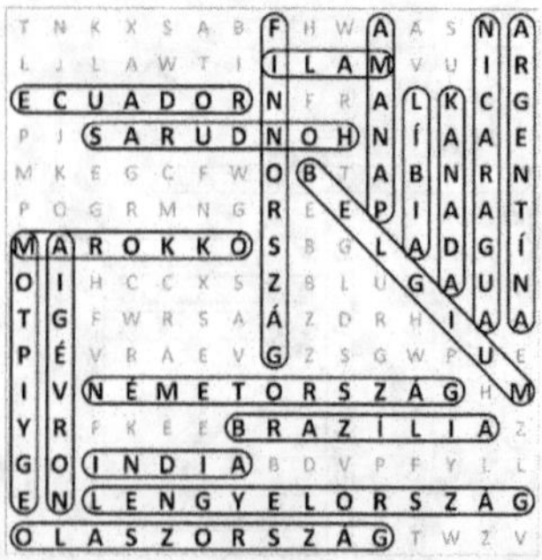

23 - Mitología

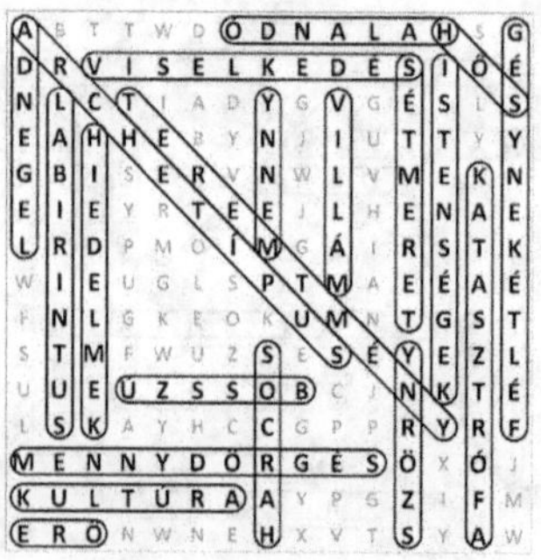

24 - Ecología

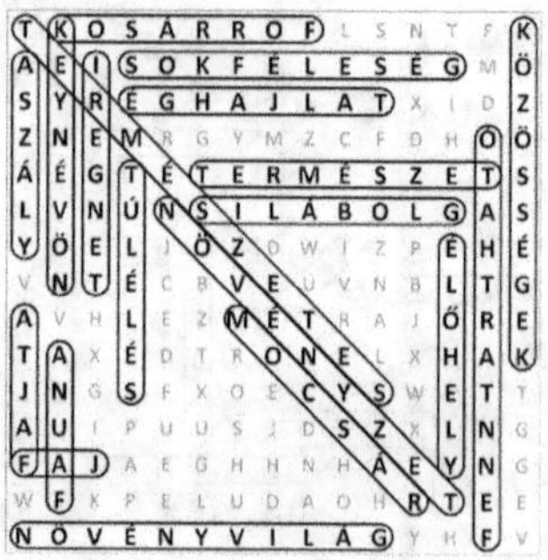

25 - Casa

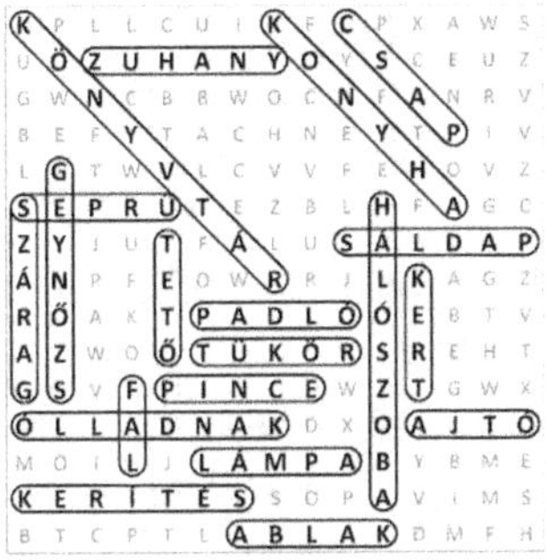

26 - Artes Visuales

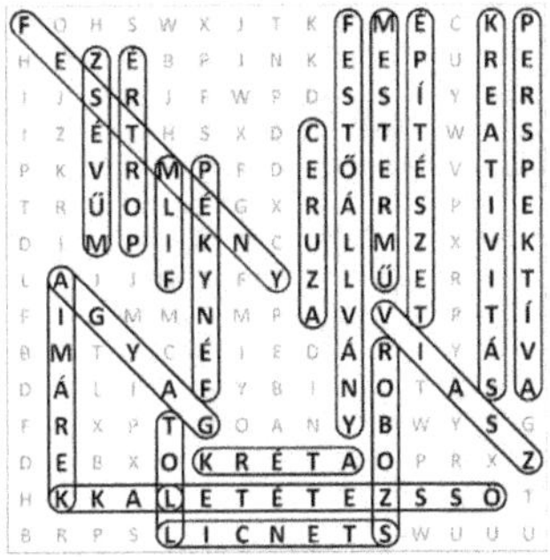

27 - Salud y Bienestar #2

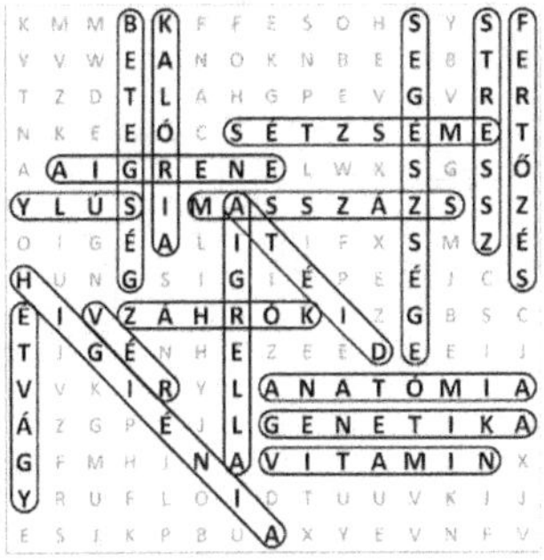

28 - Adjetivos #1

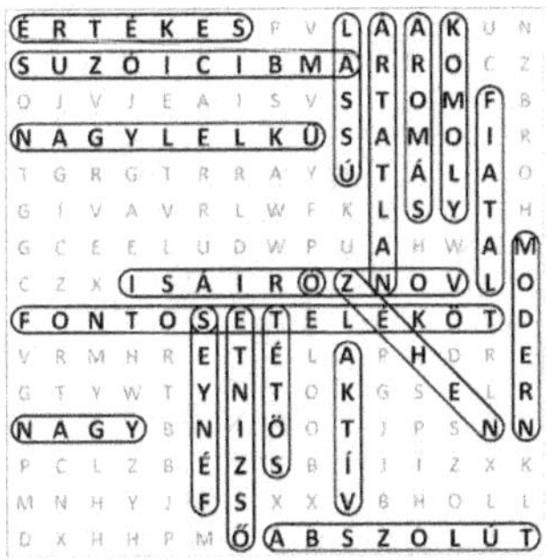

29 - Familia

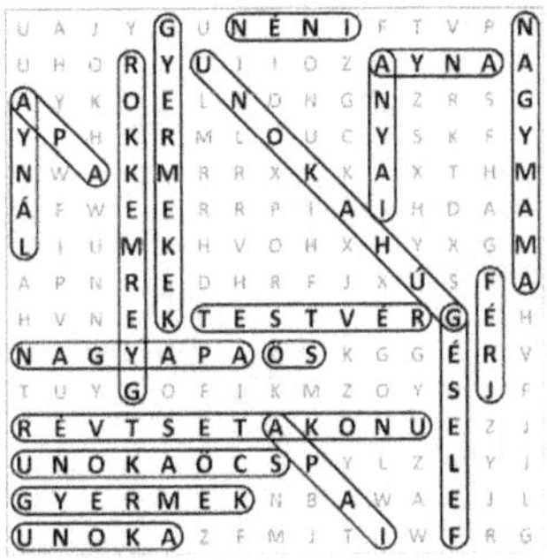

30 - Disciplinas Científicas

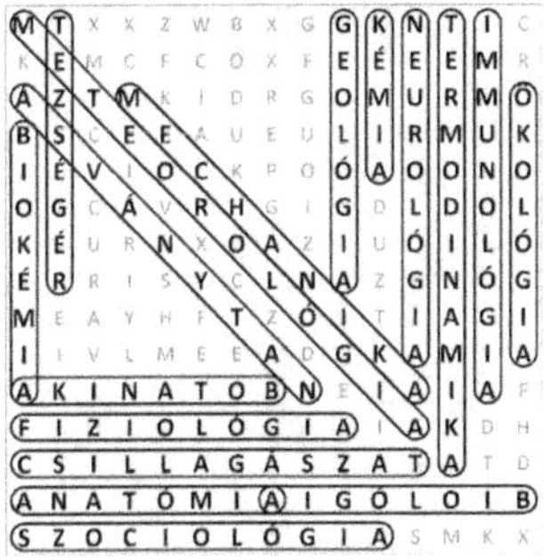

31 - Cocina

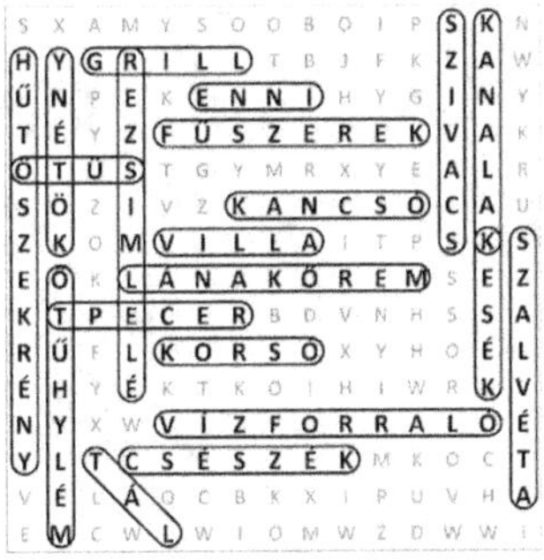

32 - Moda

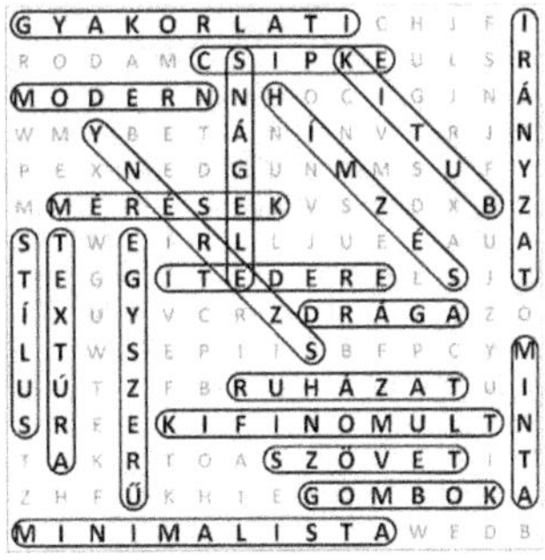

33 - Salud y Bienestar #1

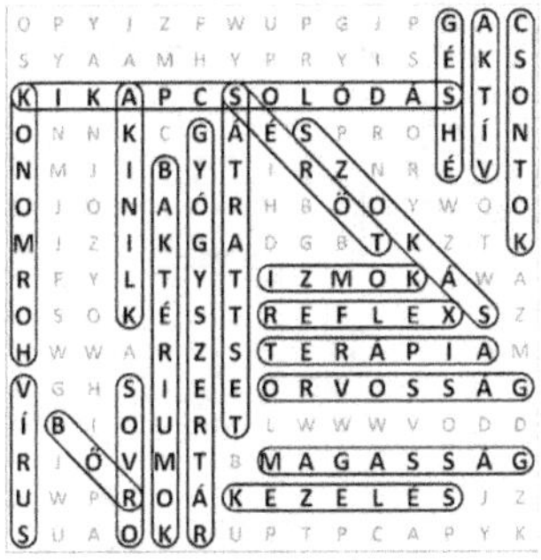

34 - Adjetivos #2

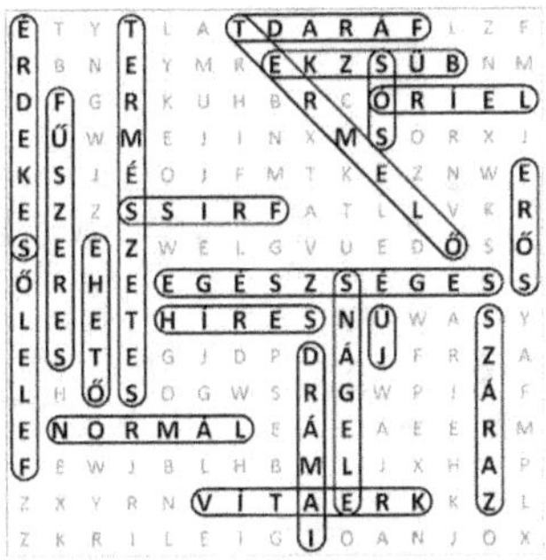

35 - Cuerpo Humano

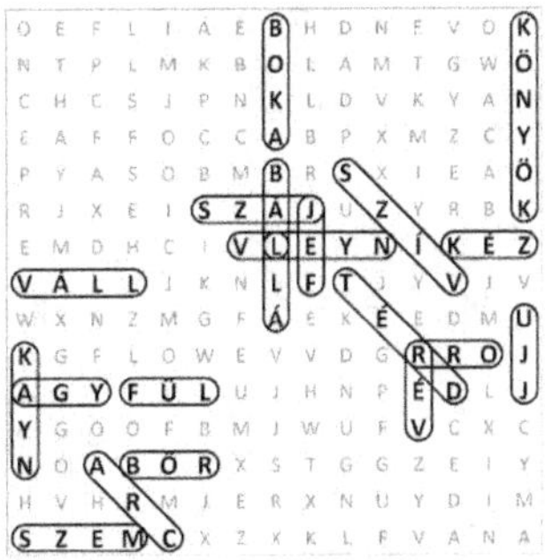

36 - Calentamiento GI

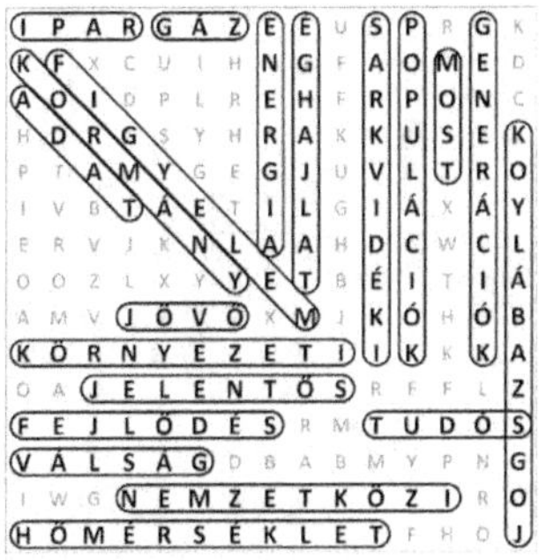

37 - Ciencia

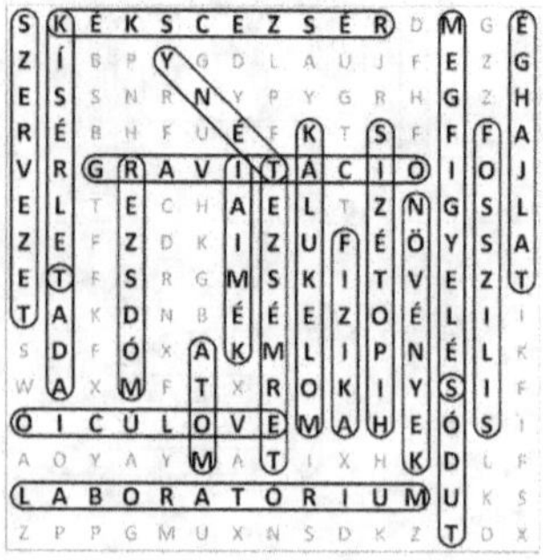

38 - Restaurante #2

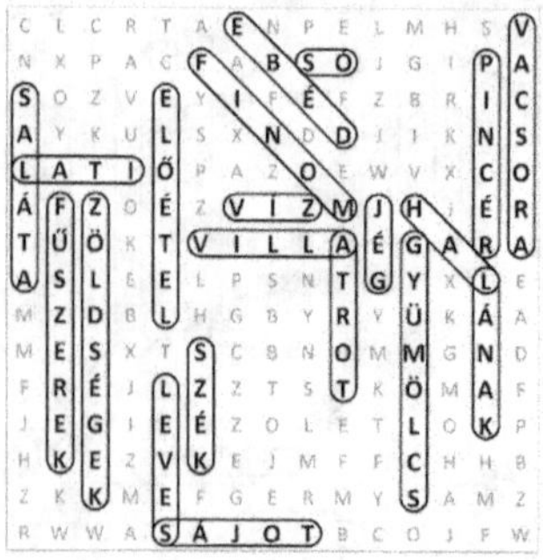

39 - Profesiones #1

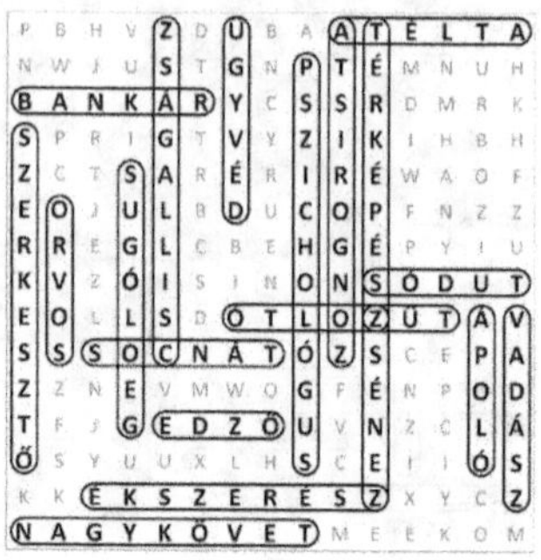

40 - Vehículos

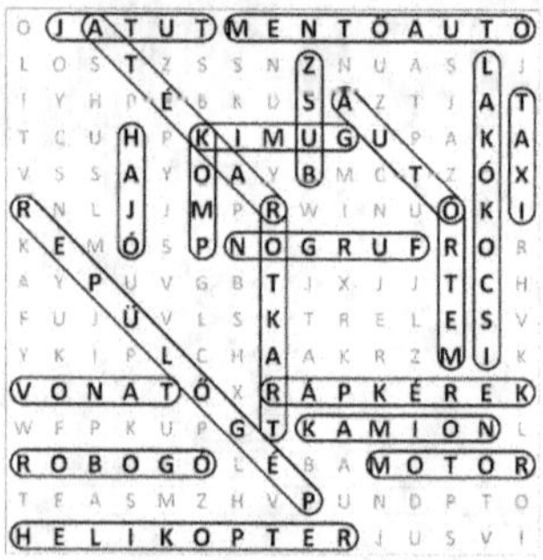

41 - Geometría

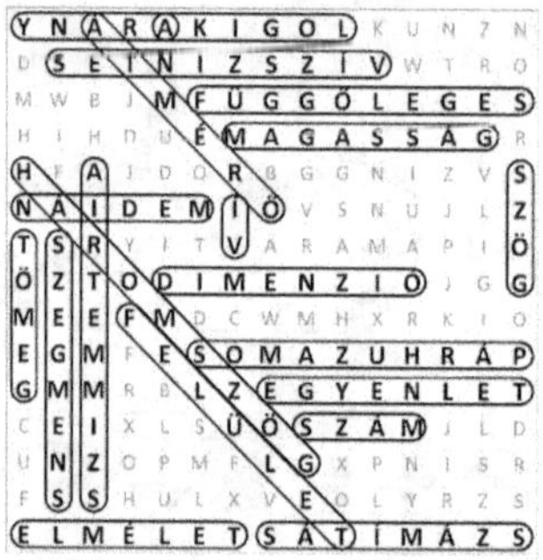

42 - Vacaciones #2

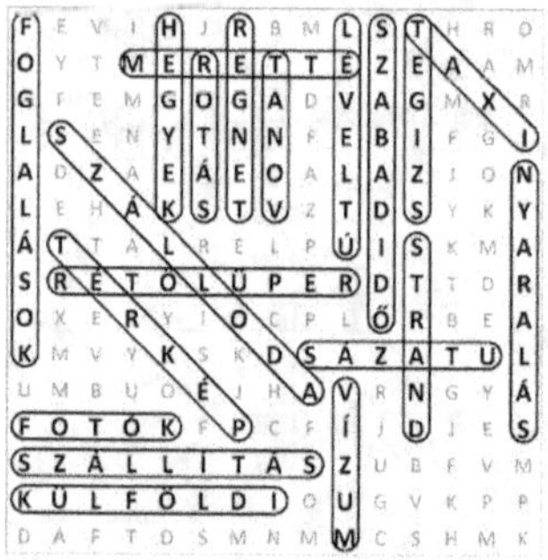

43 - Matemáticas

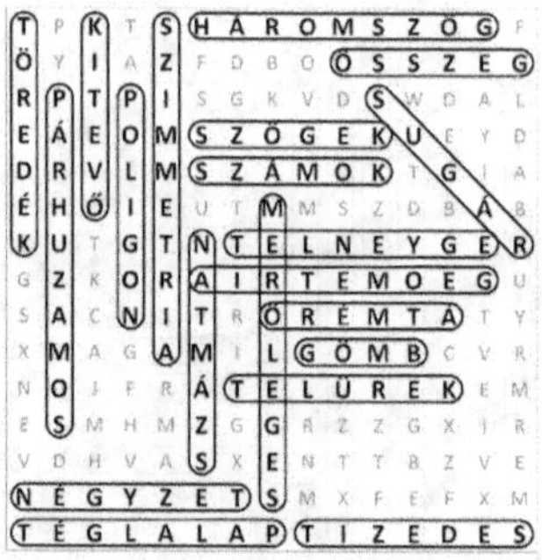

44 - Restaurante #1

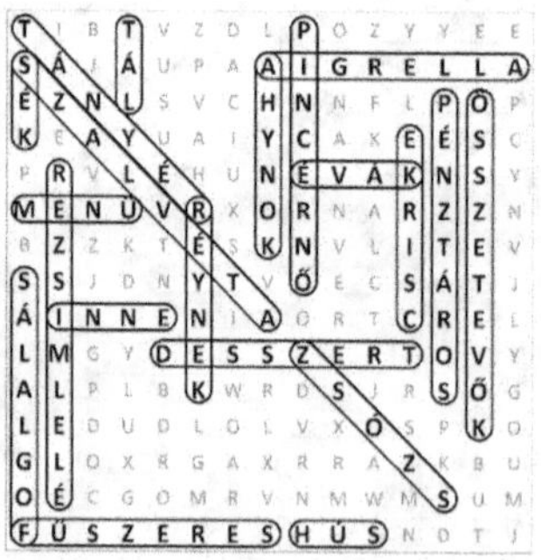

45 - Profesiones #2

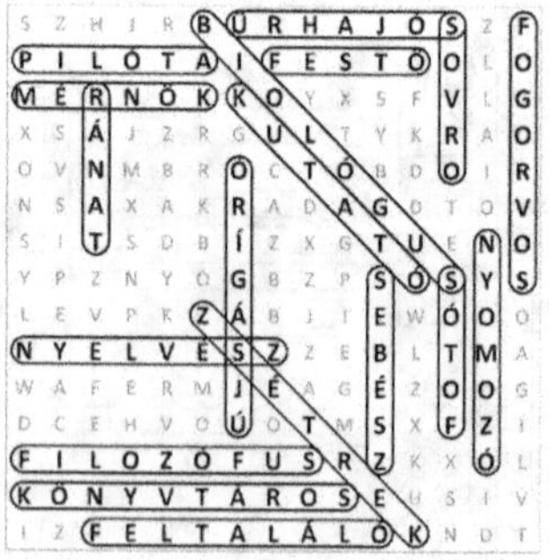

46 - Naturaleza

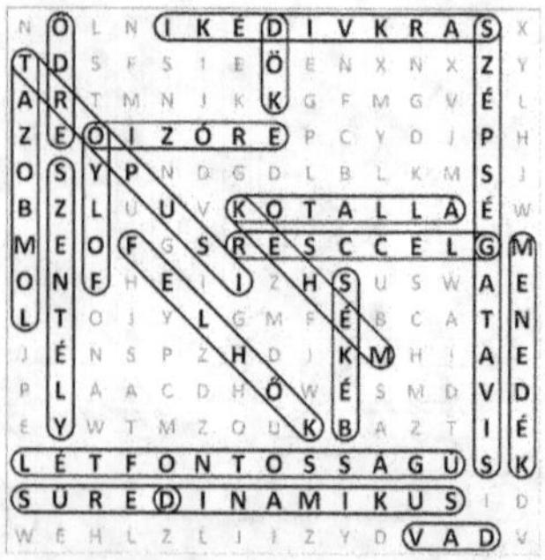

47 - Conduciendo

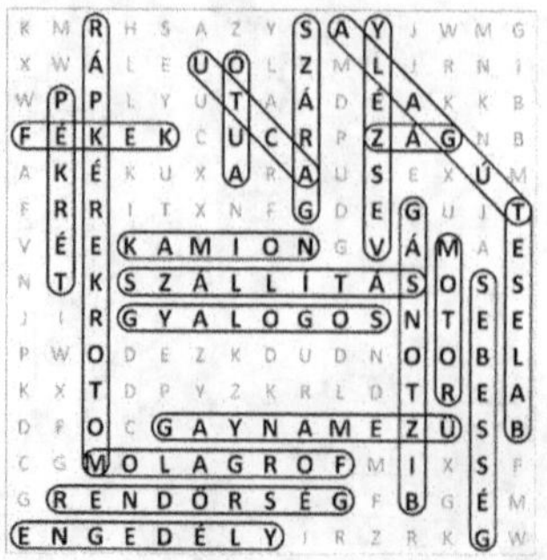

48 - Ballet

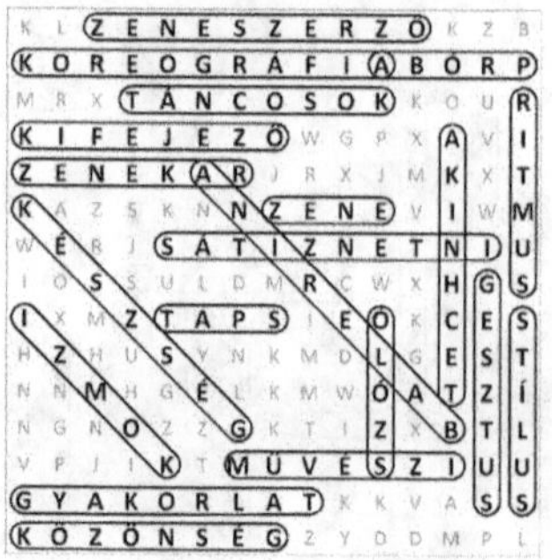

49 - Fuerza y Gravedad

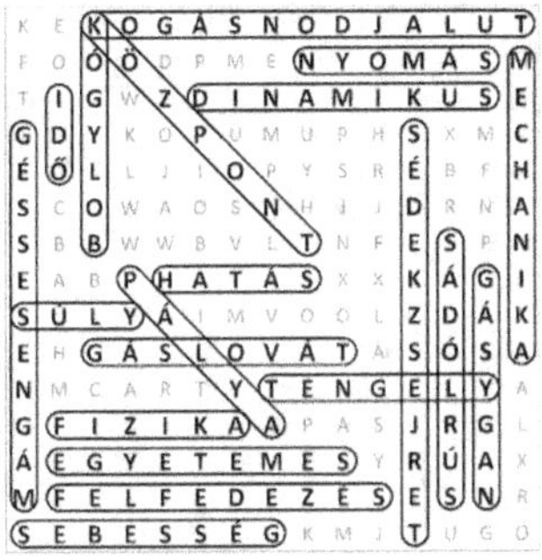

50 - Aventura

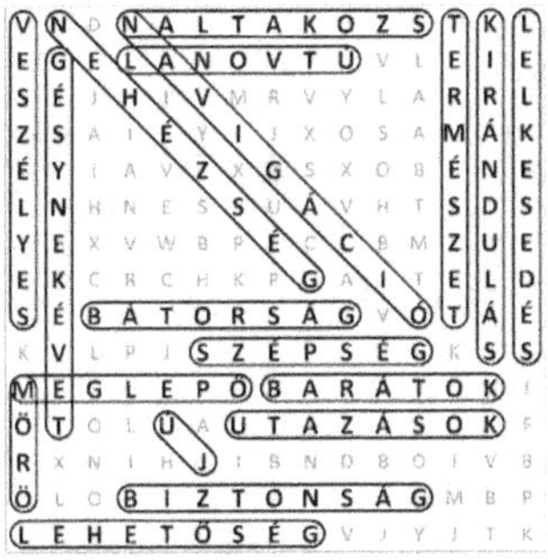

51 - Pájaros

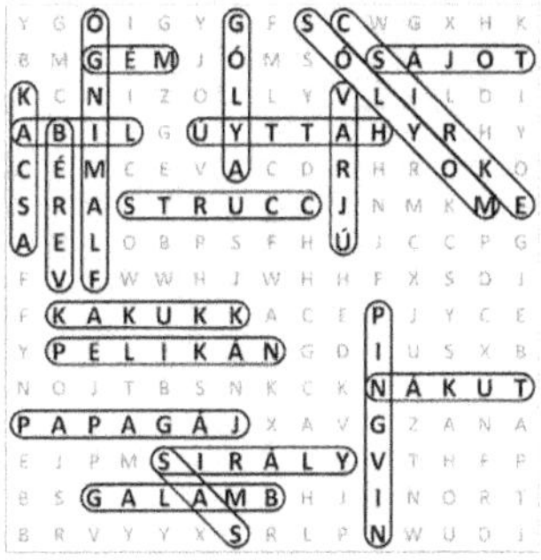

52 - Geografía

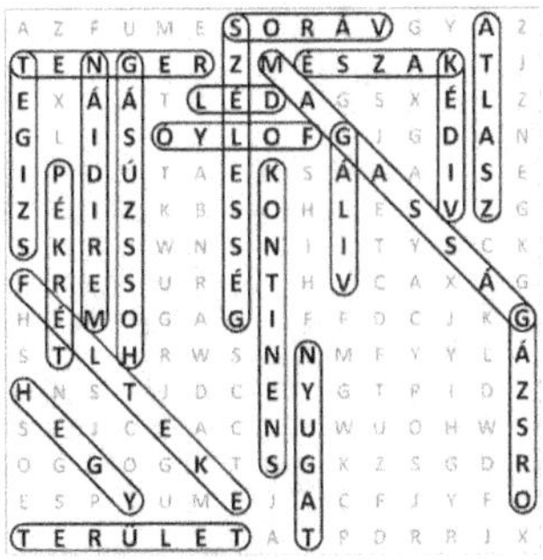

53 - Música

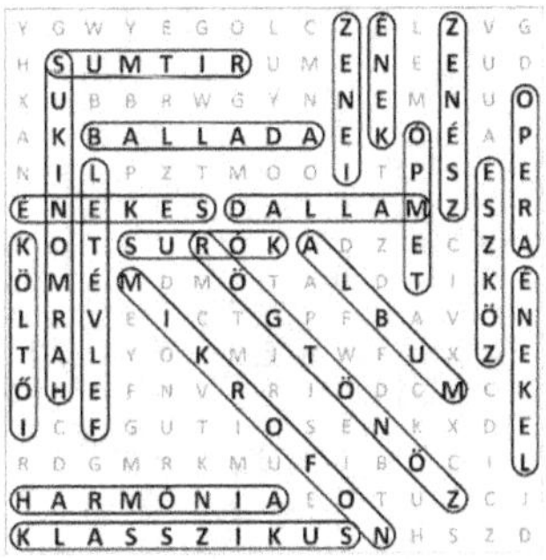

54 - Enfermedad

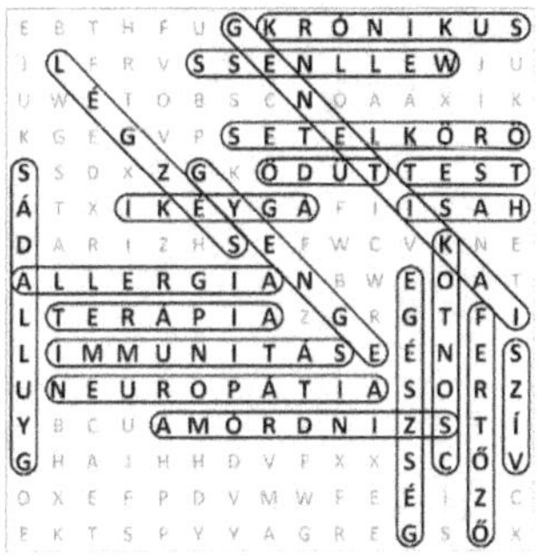

55 - Actividades

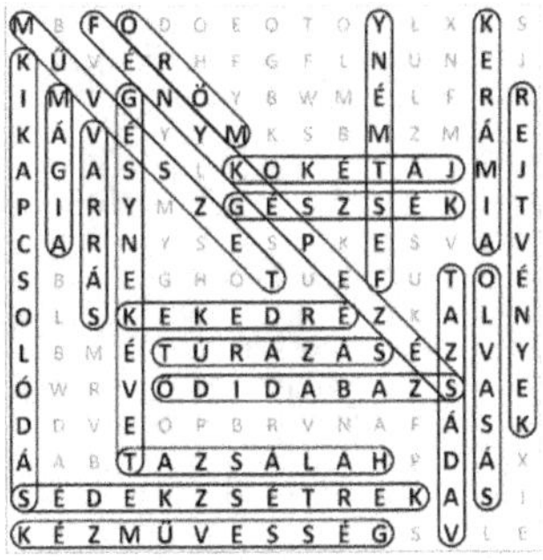

56 - Verduras

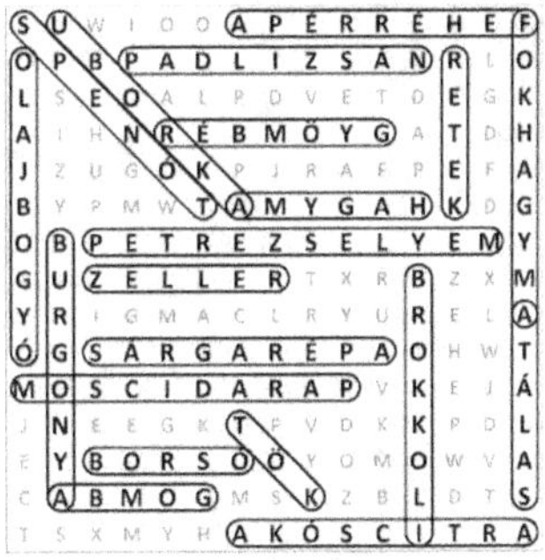

57 - Formas

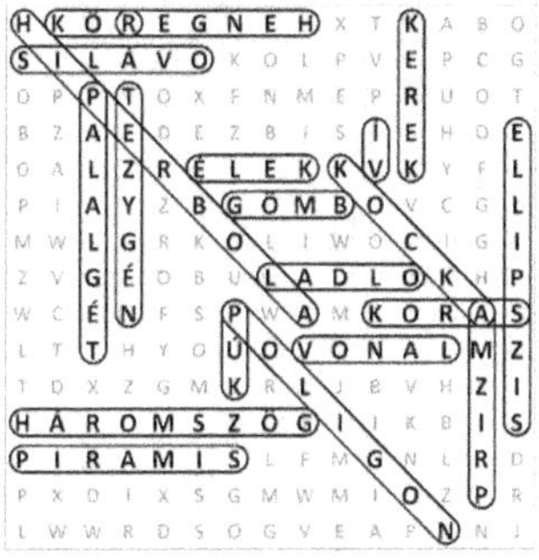

58 - Flores

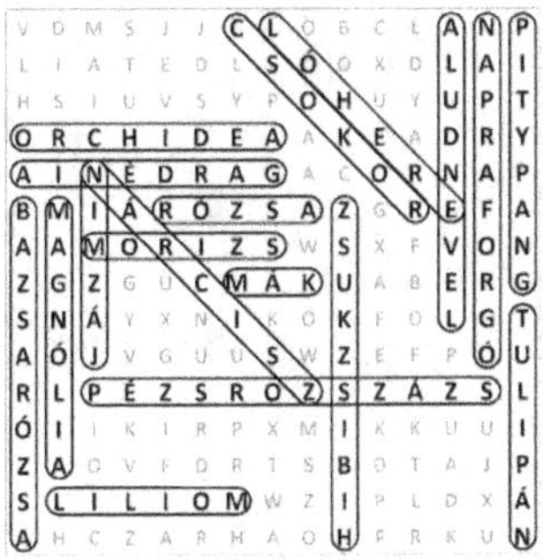

59 - Astronomía

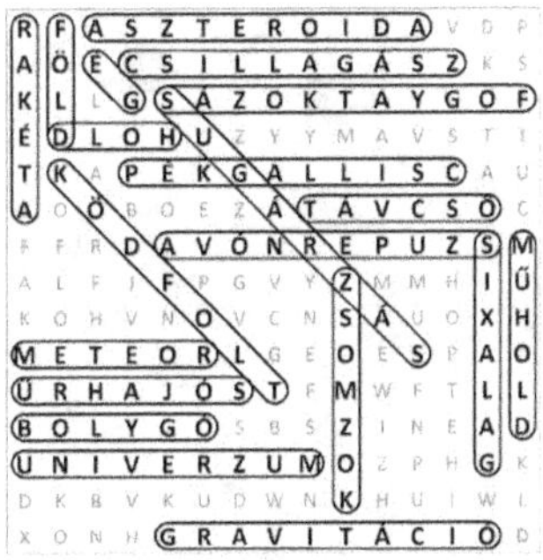

60 - Tiempo

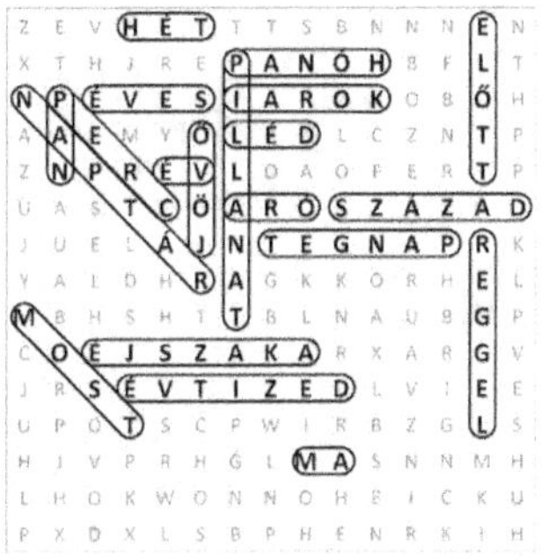

61 - Paisajes

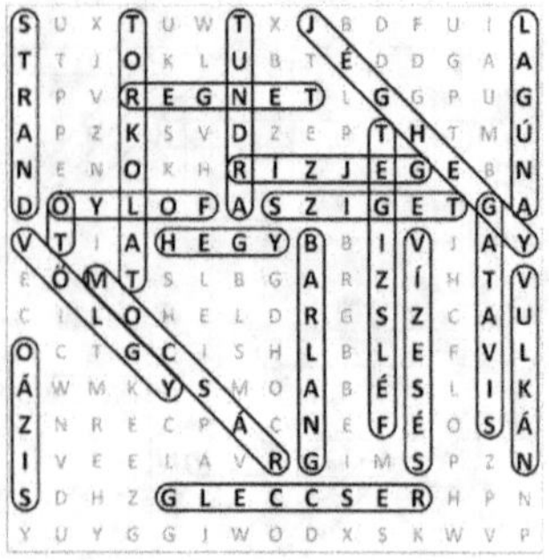

62 - Días y Meses

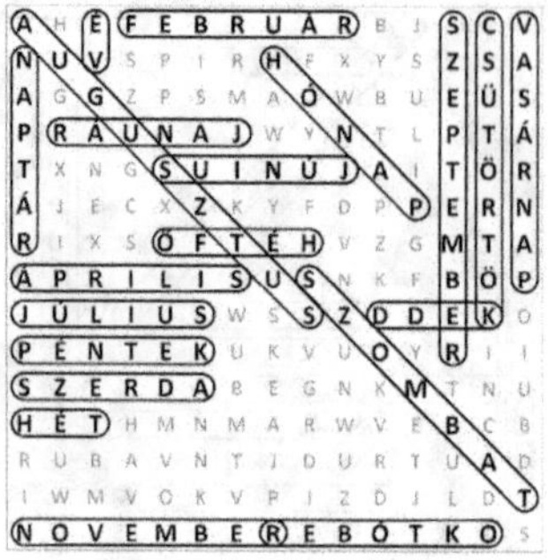

63 - Biología

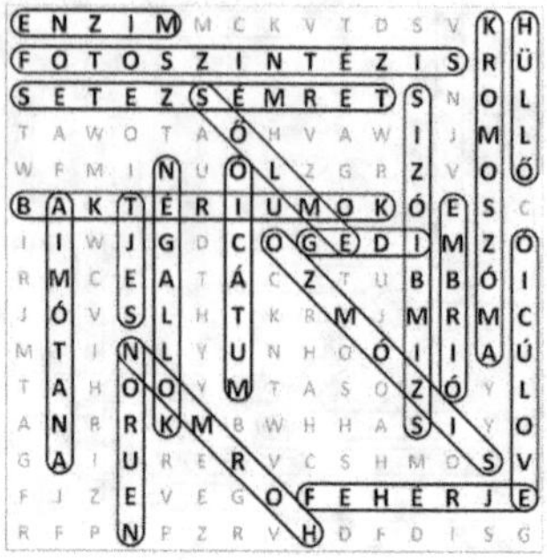

64 - Jardinería

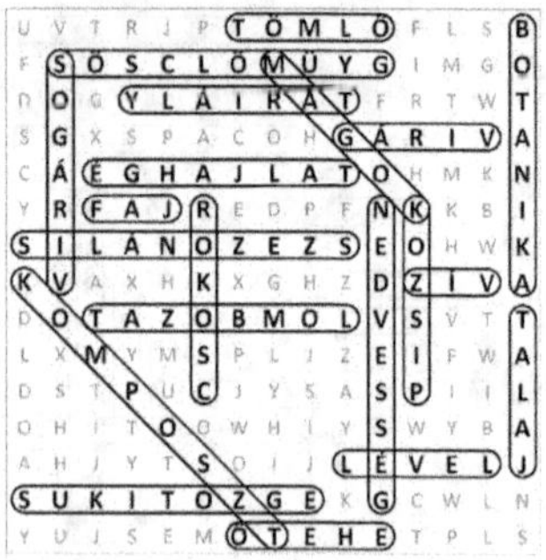

65 - Barbacoas

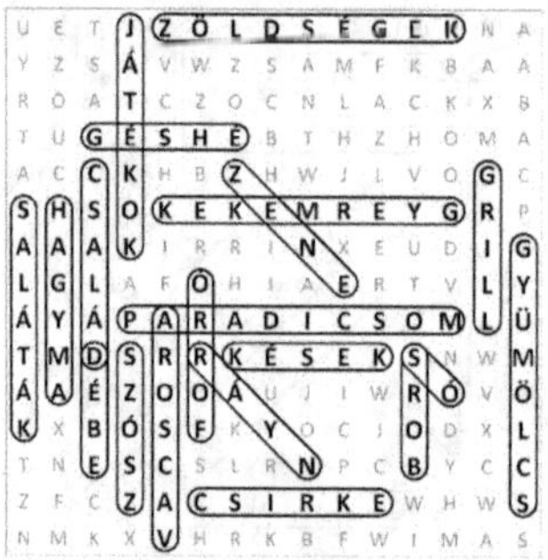

66 - Ropa

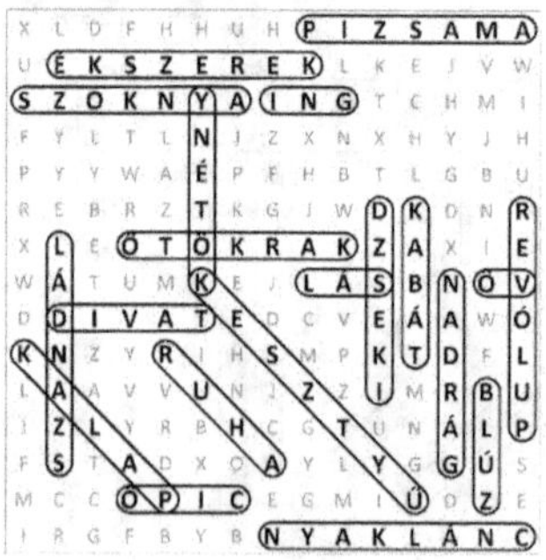

67 - Meditación

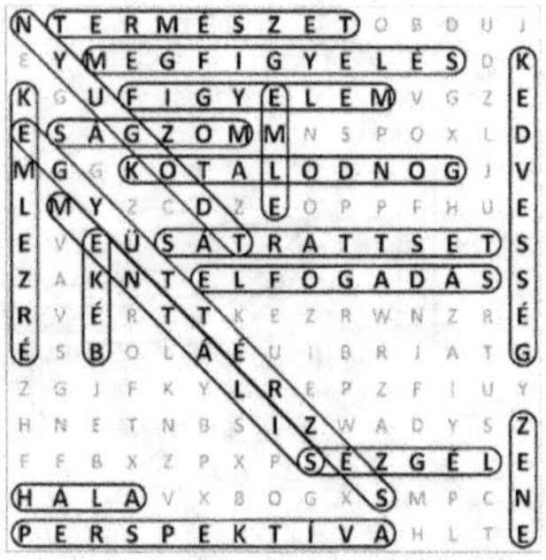

68 - Café

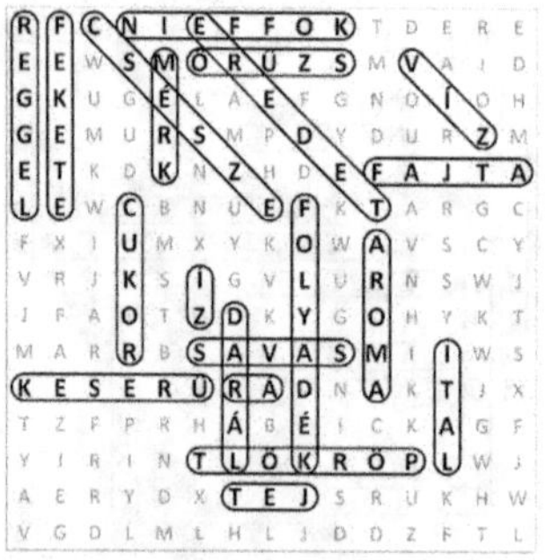

69 - Libros

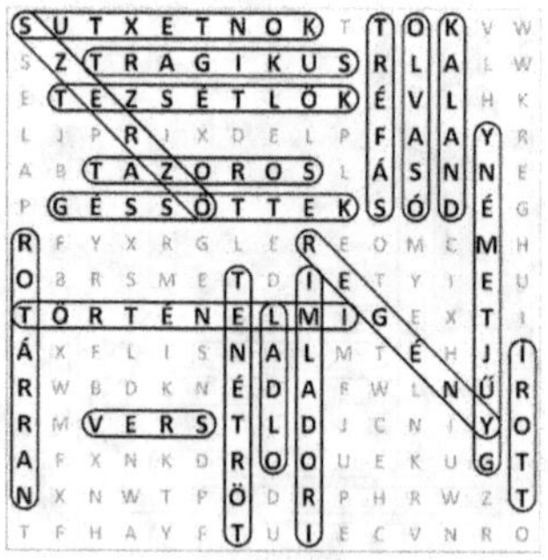

70 - Los Medios de Comunicación

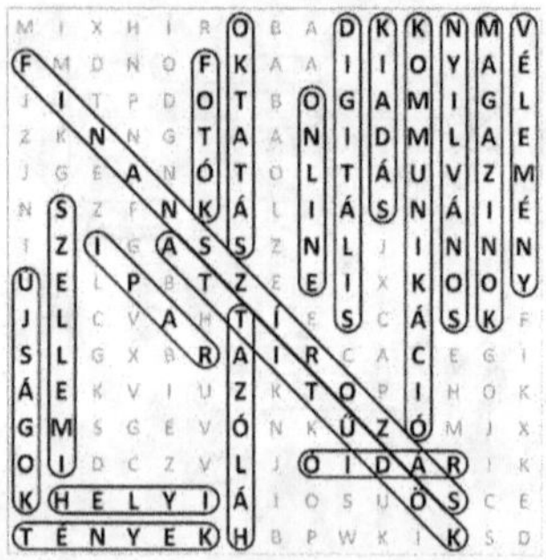

71 - Nutrición

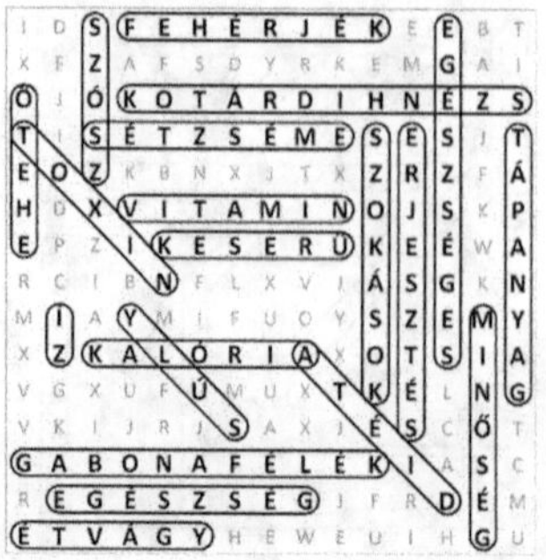

72 - Edificios

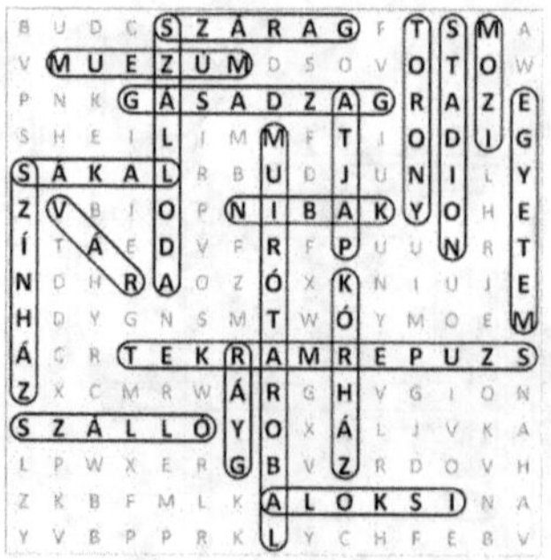

73 - Océano

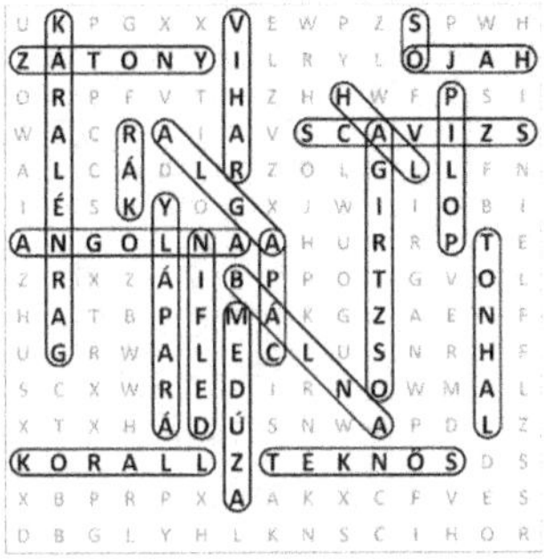

74 - Ciudad

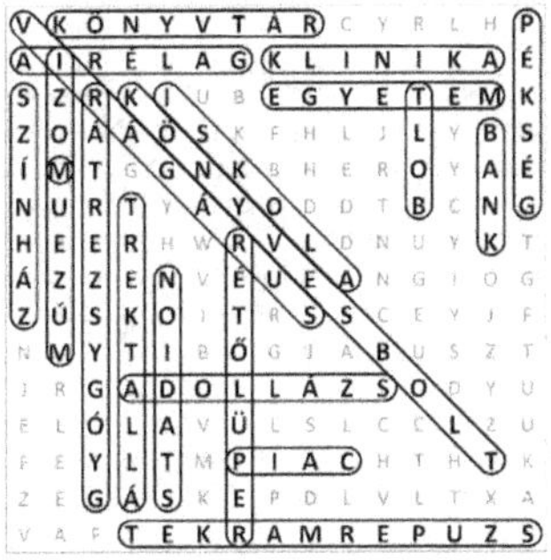

75 - Agronomía

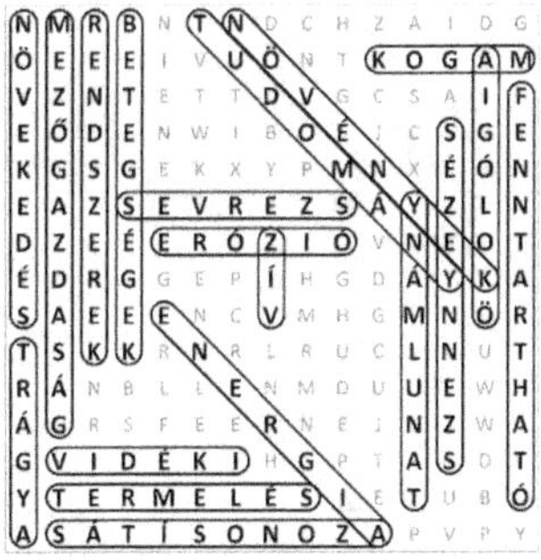

76 - Deporte

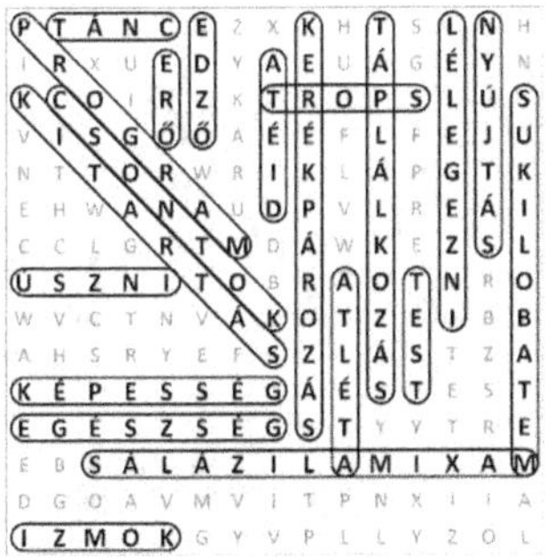

77 - Actividades y Ocio

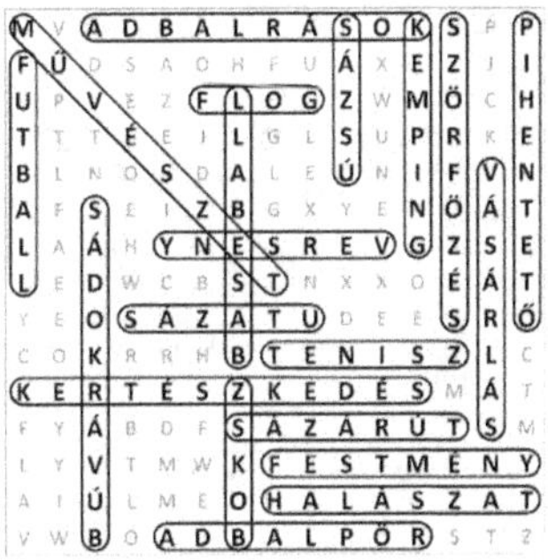

78 - Ingeniería

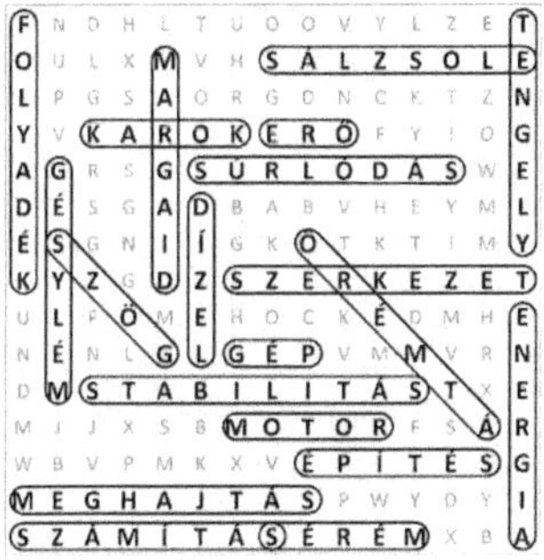

79 - Comida #1

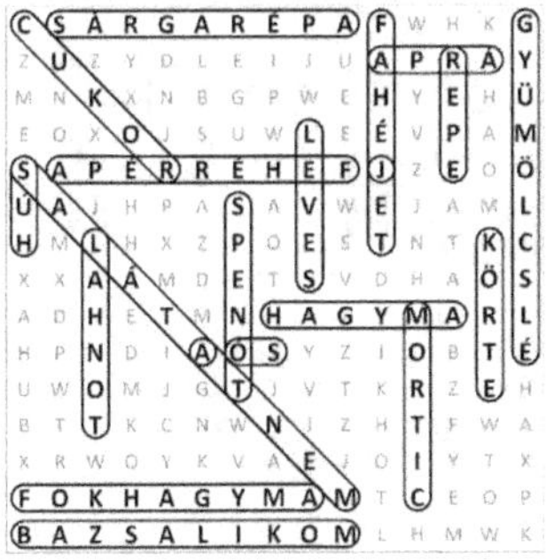

80 - Antigüedades

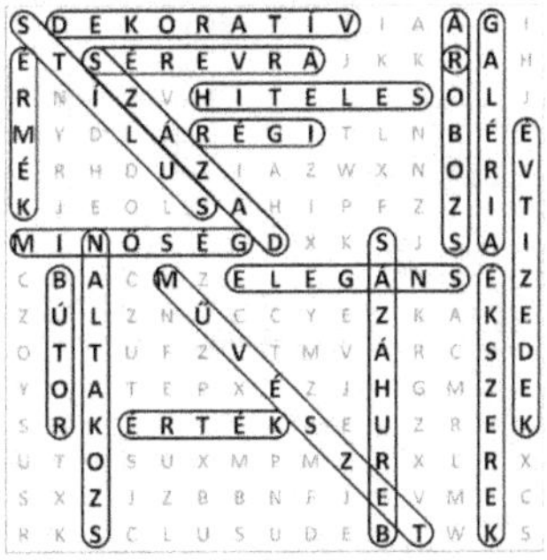

81 - Literatura

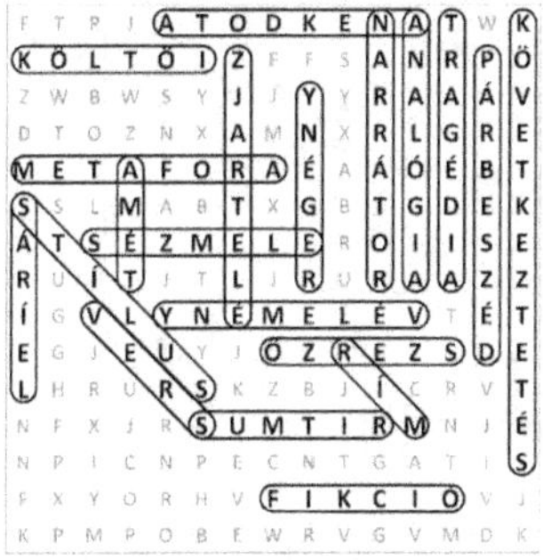

82 - Química

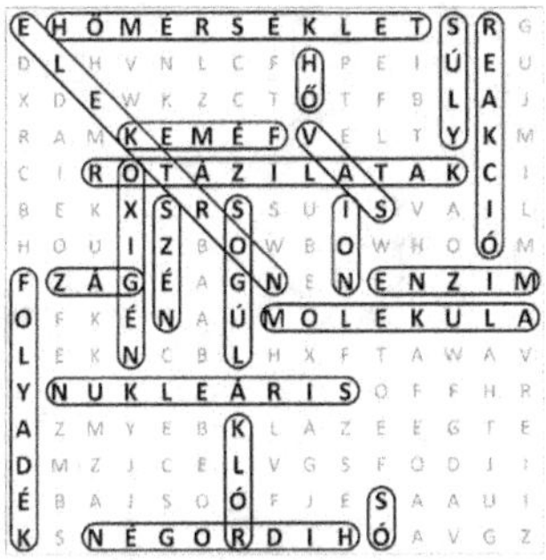

83 - Gobierno

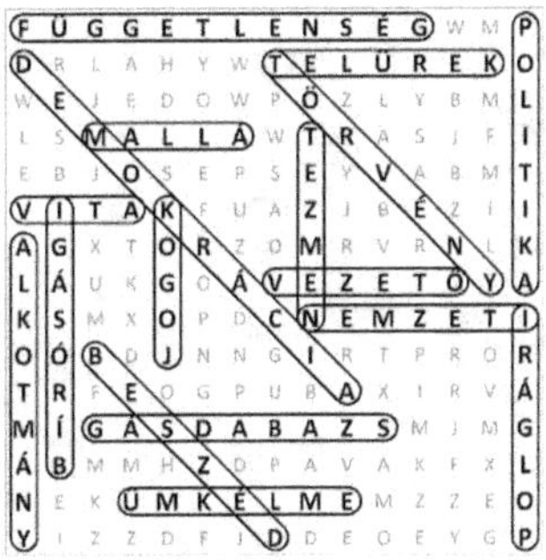

84 - Creatividad

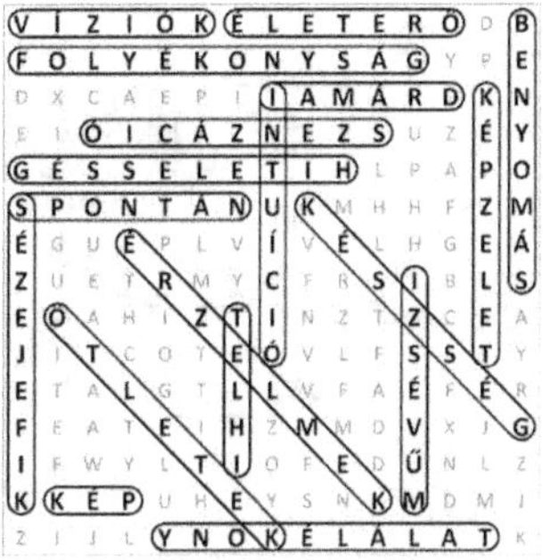

85 - Filantropía

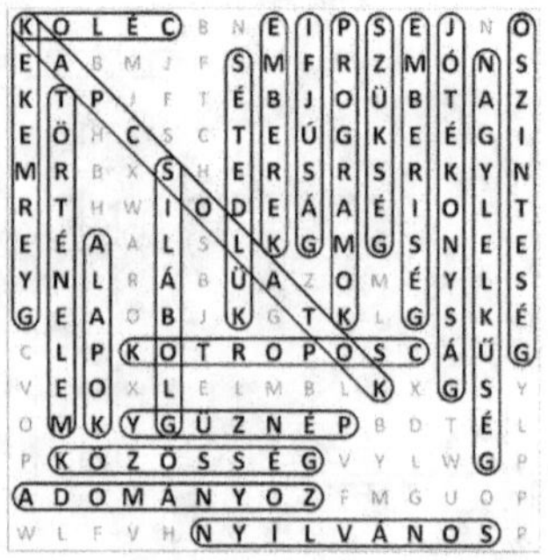

86 - Clima

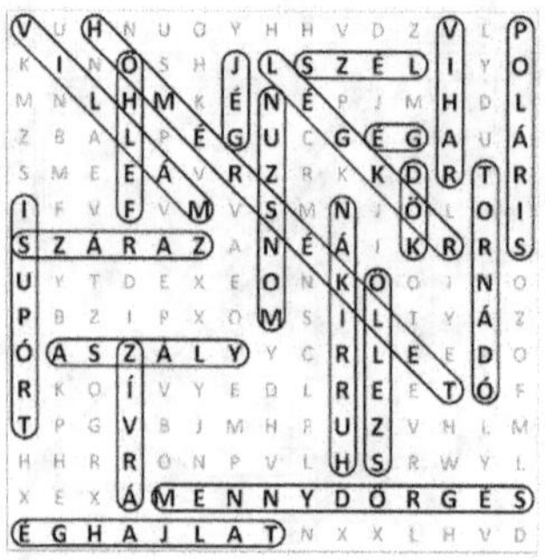

87 - Comida #2

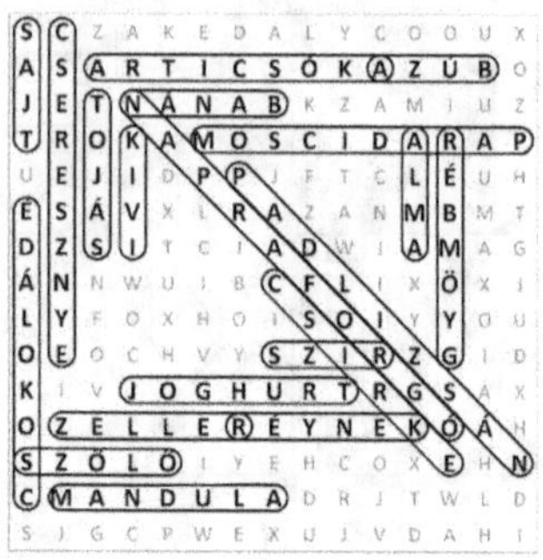

88 - Diplomacia

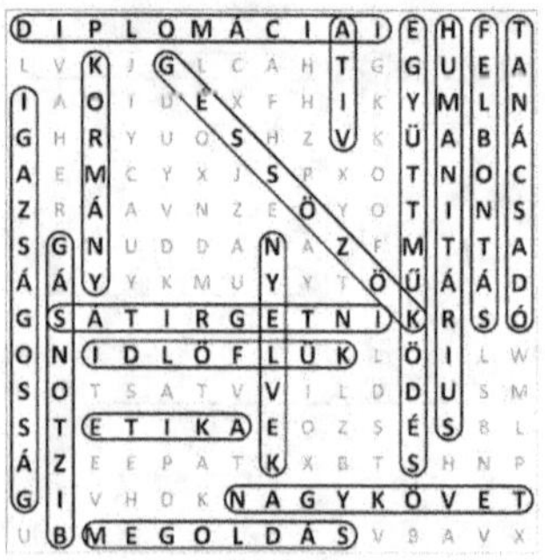

89 - Herboristería

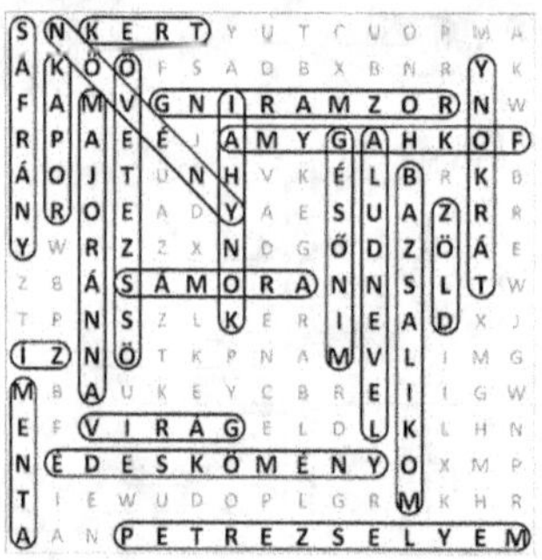

90 - Energía

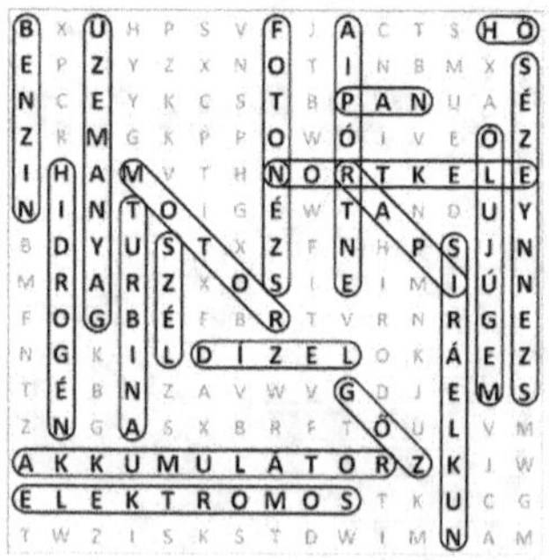

91 - Especias

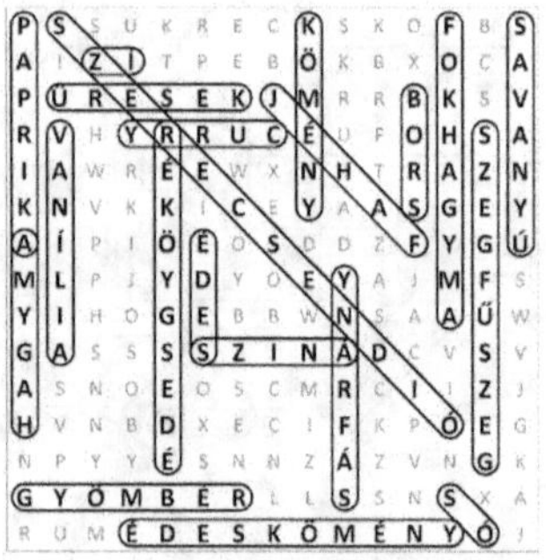

92 - Universo

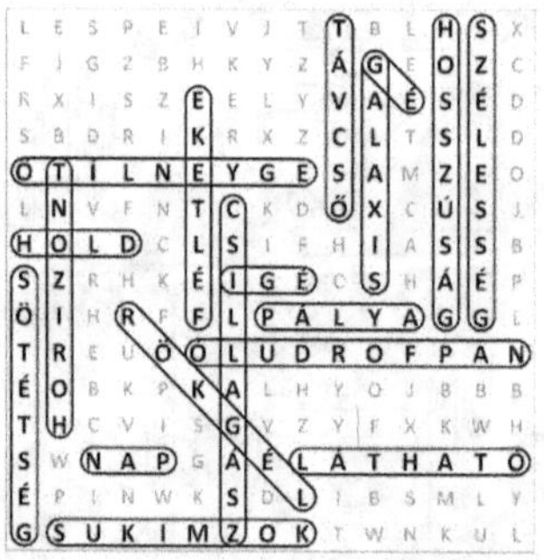

93 - Jazz

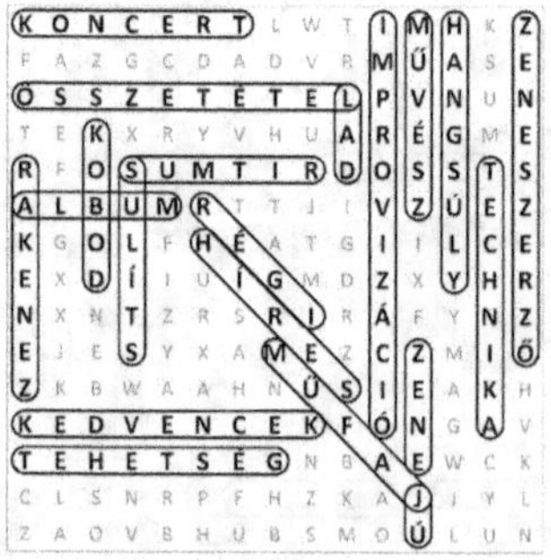

94 - Mediciones

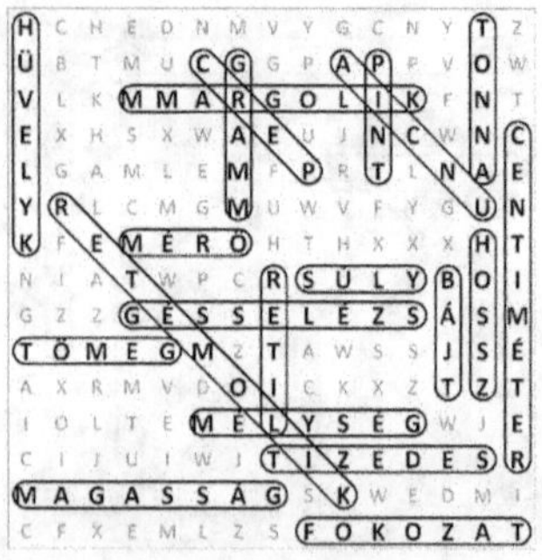

95 - Barcos

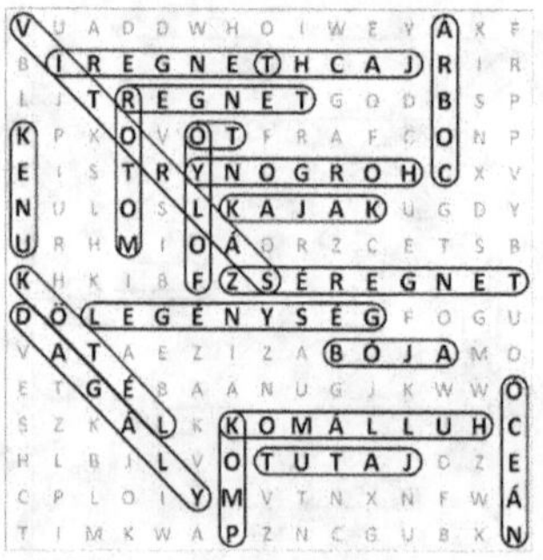

96 - Antártida

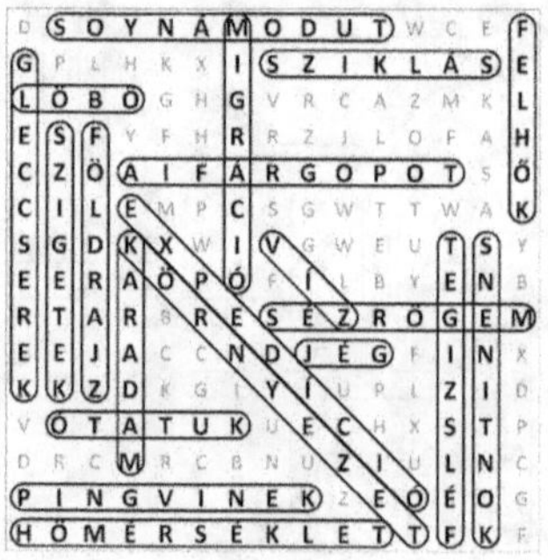

97 - Mamíferos

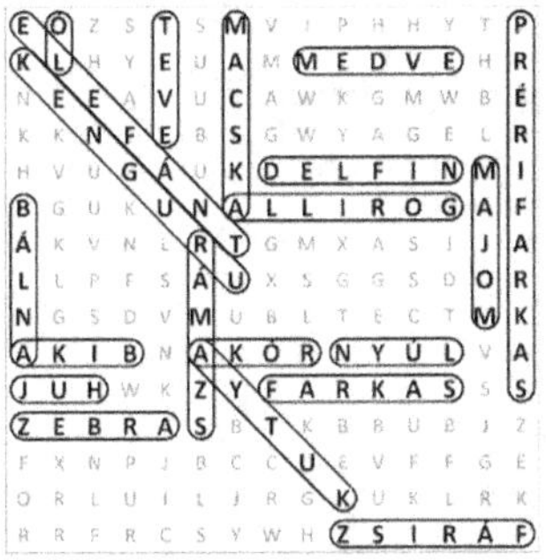

98 - Boxeo

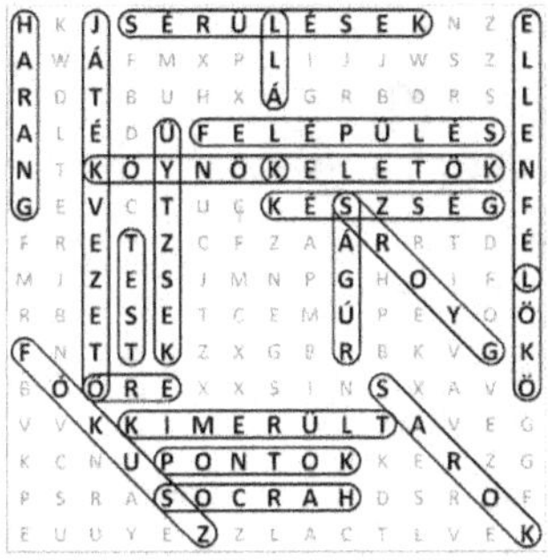

99 - Abejas

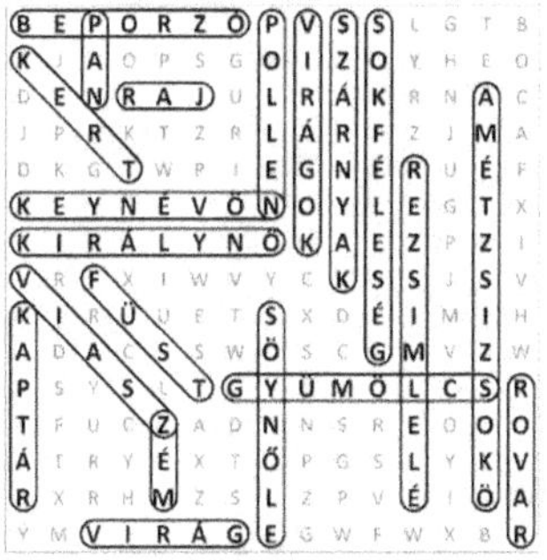

100 - Psicología

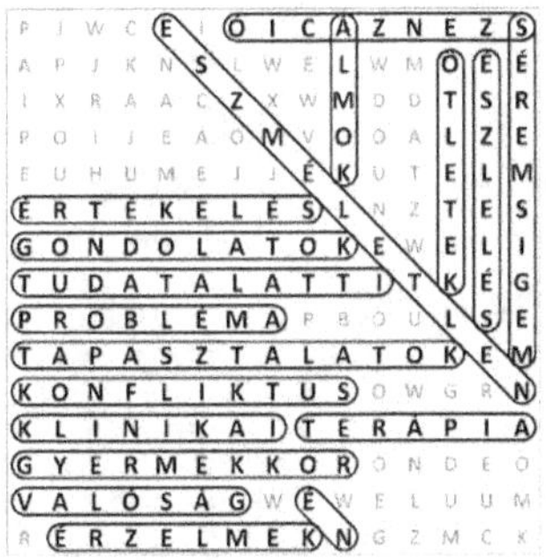

Diccionario

Abejas
Méhek

Alas	Szárnyak
Beneficioso	Előnyös
Cera	Viasz
Colmena	Kaptár
Comida	Élelmiszer
Diversidad	Sokféleség
Ecosistema	Ökoszisztéma
Enjambre	Raj
Flor	Virág
Flores	Virágok
Fruta	Gyümölcs
Humo	Füst
Insecto	Rovar
Jardín	Kert
Miel	Méz
Plantas	Növények
Polen	Pollen
Polinizador	Beporzó
Reina	Királynő
Sol	Nap

Actividades
Tevékenységek

Actividad	Tevékenység
Arte	Művészet
Artesanía	Kézművesség
Caza	Vadászat
Cerámica	Kerámia
Costura	Varrás
Fotografía	Fényképezés
Habilidad	Készség
Intereses	Érdekek
Jardinería	Kertészkedés
Juegos	Játékok
Lectura	Olvasás
Magia	Mágia
Ocio	Szabadidő
Pesca	Halászat
Pintura	Festmény
Placer	Öröm
Relajación	Kikapcsolódás
Rompecabezas	Rejtvények
Senderismo	Túrázás

Actividades y Ocio
Tevékenységek és Szabadi

Arte	Művészet
Baloncesto	Kosárlabda
Béisbol	Baseball
Boxeo	Boksz
Buceo	Búvárkodás
Camping	Kemping
Carreras	Verseny
Compras	Vásárlás
Fútbol	Futball
Golf	Golf
Jardinería	Kertészkedés
Natación	Úszás
Pesca	Halászat
Pintura	Festmény
Relajante	Pihentető
Senderismo	Túrázás
Surf	Szörfözés
Tenis	Tenisz
Viaje	Utazás
Voleibol	Röplabda

Adjetivos #1
Melléknevek #1

Absoluto	Abszolút
Activo	Aktív
Ambicioso	Ambiciózus
Aromático	Aromás
Atractivo	Vonzó
Brillante	Fényes
Enorme	Óriási
Generoso	Nagylelkű
Grande	Nagy
Honesto	Őszinte
Importante	Fontos
Inocente	Ártatlan
Joven	Fiatal
Lento	Lassú
Moderno	Modern
Oscuro	Sötét
Perfecto	Tökéletes
Pesado	Nehéz
Serio	Komoly
Valioso	Értékes

Adjetivos #2
Melléknevek #2

Cansado	Fáradt
Comestible	Ehető
Creativo	Kreatív
Descriptivo	Leíró
Dramático	Drámai
Elegante	Elegáns
Famoso	Híres
Fresco	Friss
Fuerte	Erős
Interesante	Érdekes
Natural	Természetes
Normal	Normál
Nuevo	Új
Orgulloso	Büszke
Picante	Fűszeres
Productivo	Termelő
Responsable	Felelős
Salado	Sós
Saludable	Egészséges
Seco	Száraz

Agronomía
Agronómia

Agricultura	Mezőgazdaság
Agua	Víz
Ciencia	Tudomány
Contaminación	Szennyezés
Crecimiento	Növekedés
Ecología	Ökológia
Energía	Energia
Enfermedades	Betegségek
Erosión	Erózió
Estudio	Tanulmány
Fertilizante	Trágya
Identificación	Azonosítás
Orgánico	Szerves
Plantas	Növények
Producción	Termelés
Rural	Vidéki
Semillas	Magok
Sistemas	Rendszerek
Sostenible	Fenntartható
Verduras	Zöldségek

Agua
Víz

Canal	Csatorna
Ducha	Zuhany
Evaporación	Párolgás
Géiser	Gejzír
Helada	Fagy
Hielo	Jég
Humedad	Páratartalom
Huracán	Hurrikán
Húmedo	Nedves
Inundación	Árvíz
Lago	Tó
Lluvia	Eső
Monzón	Monszun
Nieve	Hó
Océano	Óceán
Olas	Hullámok
Potable	Iható
Riego	Öntözés
Río	Folyó
Vapor	Gőz

Antártida
Antarktisz

Agua	Víz
Bahía	Öböl
Científico	Tudományos
Conservación	Megőrzés
Continente	Kontinens
Expedición	Expedíció
Geografía	Földrajz
Glaciares	Gleccserek
Hielo	Jég
Investigador	Kutató
Islas	Szigetek
Medio Ambiente	Környezet
Migración	Migráció
Nubes	Felhők
Pájaros	Madarak
Península	Félsziget
Pingüinos	Pingvinek
Rocoso	Sziklás
Temperatura	Hőmérséklet
Topografía	Topográfia

Antigüedades
Régiségek

Arte	Művészet
Auténtico	Hiteles
Calidad	Minőség
Decorativo	Dekoratív
Décadas	Évtizedek
Elegante	Elegáns
Escultura	Szobor
Estilo	Stílus
Galería	Galéria
Inusual	Szokatlan
Inversión	Beruházás
Joyas	Ékszerek
Monedas	Érmék
Mueble	Bútor
Precio	Ár
Restauración	Helyreállítás
Siglo	Század
Subasta	Árverés
Valor	Érték
Viejo	Régi

Arqueología
Régészet

Análisis	Elemzés
Antigüedad	Ókor
Años	Év
Civilización	Civilizáció
Descendiente	Leszármazott
Desconocido	Ismeretlen
Equipo	Csapat
Era	Korszak
Evaluación	Értékelés
Experto	Szakértő
Fósil	Fosszilis
Huesos	Csontok
Investigador	Kutató
Misterio	Rejtély
Objetos	Objektumok
Olvidado	Elfelejtett
Profesor	Professzor
Reliquia	Ereklye
Templo	Templom
Tumba	Sír

Artes Visuales
Vizuális Művészetek

Arcilla	Agyag
Arquitectura	Építészet
Artista	Művész
Barniz	Lakk
Caballete	Festőállvány
Cera	Viasz
Cerámica	Kerámia
Composición	Összetétel
Creatividad	Kreativitás
Escultura	Szobor
Fotografía	Fénykép
Lápiz	Ceruza
Obra Maestra	Mestermű
Película	Film
Perspectiva	Perspektíva
Pintura	Festmény
Plantilla	Stencil
Pluma	Toll
Retrato	Portré
Tiza	Kréta

Astronomía
Csillagászat

Asteroide	Aszteroida
Astronauta	Űrhajós
Astrónomo	Csillagász
Cielo	Ég
Cohete	Rakéta
Constelación	Csillagkép
Cosmos	Kozmosz
Eclipse	Fogyatkozás
Galaxia	Galaxis
Gravedad	Gravitáció
Luna	Hold
Meteoro	Meteor
Nebulosa	Ködfolt
Planeta	Bolygó
Radiación	Sugárzás
Satélite	Műhold
Supernova	Szupernóva
Telescopio	Távcső
Tierra	Föld
Universo	Univerzum

Aventura
Kaland

Actividad	Tevékenység
Alegría	Öröm
Amigos	Barátok
Belleza	Szépség
Dificultad	Nehézség
Entusiasmo	Lelkesedés
Excursión	Kirándulás
Inusual	Szokatlan
Itinerario	Útvonal
Naturaleza	Természet
Navegación	Navigáció
Nuevo	Új
Oportunidad	Lehetőség
Peligroso	Veszélyes
Preparación	Előkészítés
Seguridad	Biztonság
Sorprendente	Meglepő
Valentía	Bátorság
Viajes	Utazások

Aviones
Repülőgépek

Aire	Levegő
Altura	Magasság
Aterrizaje	Leszállás
Atmósfera	Légkör
Aventura	Kaland
Cielo	Ég
Combustible	Üzemanyag
Construcción	Építés
Dirección	Irány
Diseño	Tervezés
Globo	Ballon
Hélices	Propellerek
Hidrógeno	Hidrogén
Historia	Történelem
Motor	Motor
Navegar	Hajózik
Pasajero	Utas
Piloto	Pilóta
Tripulación	Legénység
Turbulencia	Turbulencia

Álgebra
Algebra

Cantidad	Mennyiség
Cero	Nulla
Diagrama	Diagram
Ecuación	Egyenlet
Exponente	Kitevő
Factor	Tényező
Falso	Hamis
Fórmula	Képlet
Fracción	Töredék
Infinito	Végtelen
Lineal	Lineáris
Matriz	Mátrix
Número	Szám
Paréntesis	Zárójel
Problema	Probléma
Resolver	Megfejt
Resta	Kivonás
Simplificar	Egyszerűsítés
Solución	Megoldás
Variable	Változó

Ballet
Balett

Aplauso	Taps
Artístico	Művészi
Audiencia	Közönség
Bailarina	Balerina
Bailarines	Táncosok
Compositor	Zeneszerző
Coreografía	Koreográfia
Ensayo	Próba
Estilo	Stílus
Expresivo	Kifejező
Gesto	Gesztus
Habilidad	Készség
Intensidad	Intenzitás
Músculos	Izmok
Música	Zene
Orquesta	Zenekar
Práctica	Gyakorlat
Ritmo	Ritmus
Solo	Szóló
Técnica	Technika

Barbacoas
Grillezés

Almuerzo	Ebéd
Caliente	Forró
Cebollas	Hagyma
Cena	Vacsora
Cuchillos	Kések
Ensaladas	Saláták
Familia	Család
Fruta	Gyümölcs
Hambre	Éhség
Juegos	Játékok
Música	Zene
Niños	Gyermekek
Parrilla	Grill
Pimienta	Bors
Pollo	Csirke
Sal	Só
Salsa	Szósz
Tomates	Paradicsom
Verano	Nyár
Verduras	Zöldségek

Barcos
Csónakok

Ancla	Horgony
Balsa	Tutaj
Boya	Bója
Canoa	Kenu
Cuerda	Kötél
Ferry	Komp
Kayak	Kajak
Lago	Tó
Mar	Tenger
Marea	Dagály
Marinero	Tengerész
Mástil	Árboc
Motor	Motor
Náutico	Tengeri
Océano	Óceán
Olas	Hullámok
Río	Folyó
Tripulación	Legénység
Velero	Vitorlás
Yate	Jacht

Belleza
Szépség

Aceites	Olajok
Champú	Sampon
Color	Szín
Cosméticos	Kozmetika
Elegancia	Elegancia
Elegante	Elegáns
Encanto	Báj
Espejo	Tükör
Estilista	Stylist
Fotogénico	Fotogén
Fragancia	Illat
Gracia	Kegyelem
Maquillaje	Smink
Piel	Bőr
Pintalabios	Rúzs
Productos	Termékek
Rizos	Fürtök
Suave	Sima
Tijeras	Olló

Biología
Biológia

Anatomía	Anatómia
Bacterias	Baktériumok
Celda	Sejt
Colágeno	Kollagén
Cromosoma	Kromoszóma
Embrión	Embrió
Enzima	Enzim
Evolución	Evolúció
Fotosíntesis	Fotoszintézis
Hormona	Hormon
Mamífero	Emlős
Mutación	Mutáció
Natural	Természetes
Nervio	Ideg
Neurona	Neuron
Ósmosis	Ozmózis
Proteína	Fehérje
Reptil	Hüllő
Simbiosis	Szimbiózis
Sinapsis	Szinapszis

Boxeo
Boksz

Árbitro	Játékvezető
Barbilla	Áll
Campana	Harang
Centrar	Fókusz
Codo	Könyök
Cuerdas	Kötelek
Cuerpo	Test
Esquina	Sarok
Exhausto	Kimerült
Fuerza	Erő
Guantes	Kesztyű
Habilidad	Készség
Lesiones	Sérülések
Luchador	Harcos
Oponente	Ellenfél
Patear	Rúgás
Puntos	Pontok
Puño	Ököl
Rápido	Gyors
Recuperación	Felépülés

Café
Kávé

Agua	Víz
Amargo	Keserű
Aroma	Aroma
Asado	Pörkölt
Azúcar	Cukor
Ácido	Savas
Bebida	Ital
Cafeína	Koffein
Crema	Krém
Filtro	Szűrő
Leche	Tej
Líquido	Folyadék
Mañana	Reggel
Moler	Darál
Negro	Fekete
Origen	Eredet
Precio	Ár
Sabor	Íz
Taza	Csésze
Variedad	Fajta

Calentamiento Global
A Globális Felmelegedés

Ahora	Most
Ambiental	Környezeti
Atención	Figyelem
Ártico	Sarkvidéki
Científico	Tudós
Clima	Éghajlat
Crisis	Válság
Datos	Adat
Desarrollo	Fejlődés
Energía	Energia
Futuro	Jövő
Gas	Gáz
Generaciones	Generációk
Gobierno	Kormány
Industria	Ipar
Internacional	Nemzetközi
Legislación	Jogszabályok
Poblaciones	Populációk
Significativo	Jelentős
Temperaturas	Hőmérséklet

Camping
Kemping

Animales	Állatok
Aventura	Kaland
Árboles	Fák
Bosque	Erdő
Brújula	Iránytű
Cabina	Kabin
Canoa	Kenu
Caza	Vadászat
Cuerda	Kötél
Equipo	Felszerelés
Fuego	Tűz
Hamaca	Függőágy
Insecto	Rovar
Lago	Tó
Linterna	Lámpa
Luna	Hold
Mapa	Térkép
Montaña	Hegy
Naturaleza	Természet
Sombrero	Kalap

Casa
Ház

Alfombra	Szőnyeg
Ático	Padlás
Biblioteca	Könyvtár
Chimenea	Kandalló
Cocina	Konyha
Dormitorio	Hálószoba
Ducha	Zuhany
Escoba	Seprű
Espejo	Tükör
Garaje	Garázs
Grifo	Csap
Jardín	Kert
Lámpara	Lámpa
Pared	Fal
Piso	Padló
Puerta	Ajtó
Sótano	Pince
Techo	Tető
Valla	Kerítés
Ventana	Ablak

Ciencia
Tudomány

Átomo	Atom
Científico	Tudós
Clima	Éghajlat
Datos	Adat
Evolución	Evolúció
Experimento	Kísérlet
Física	Fizika
Fósil	Fosszilis
Gravedad	Gravitáció
Hecho	Tény
Hipótesis	Hipotézis
Laboratorio	Laboratórium
Método	Módszer
Moléculas	Molekulák
Naturaleza	Természet
Observación	Megfigyelés
Organismo	Szervezet
Partículas	Részecskék
Plantas	Növények
Químico	Kémiai

Ciencia Ficción
Sci-Fi

Atómico	Atomi
Cine	Mozi
Distante	Távoli
Explosión	Robbanás
Extremo	Szélsőséges
Fantástico	Fantasztikus
Fuego	Tűz
Futurista	Futurisztikus
Galaxia	Galaxis
Ilusión	Illúzió
Imaginario	Képzeletbeli
Libros	Könyvek
Misterioso	Rejtélyes
Mundo	Világ
Oráculo	Jóslat
Planeta	Bolygó
Realista	Reális
Robots	Robotok
Tecnología	Technológia
Utopía	Utópia

Ciudad
Város

Aeropuerto	Repülőtér
Banco	Bank
Biblioteca	Könyvtár
Cine	Mozi
Clínica	Klinika
Escuela	Iskola
Estadio	Stadion
Farmacia	Gyógyszertár
Florista	Virágárus
Galería	Galéria
Hotel	Szálloda
Librería	Könyvesbolt
Mercado	Piac
Museo	Múzeum
Panadería	Pékség
Supermercado	Szupermarket
Teatro	Színház
Tienda	Bolt
Universidad	Egyetem
Zoo	Állatkert

Clima
Időjárás

Atmósfera	Légkör
Brisa	Szellő
Cielo	Ég
Clima	Éghajlat
Hielo	Jég
Huracán	Hurrikán
Inundación	Árvíz
Monzón	Monszun
Niebla	Köd
Nube	Felhő
Polar	Poláris
Rayo	Villám
Seco	Száraz
Sequía	Aszály
Temperatura	Hőmérséklet
Tormenta	Vihar
Tornado	Tornádó
Tropical	Trópusi
Trueno	Mennydörgés
Viento	Szél

Cocina
Konyha

Caldera	Vízforraló
Comer	Enni
Comida	Élelmiszer
Congelador	Mélyhűtő
Cucharas	Kanalak
Cucharón	Merőkanál
Cuchillos	Kések
Delantal	Kötény
Especias	Fűszerek
Esponja	Szivacs
Horno	Sütő
Jarra	Kancsó
Parrilla	Grill
Receta	Recept
Refrigerador	Hűtőszekrény
Servilleta	Szalvéta
Tarro	Korsó
Tazas	Csészék
Tazón	Tál
Tenedores	Villa

Comida #1
Élelmiszer #1

Ajo	Fokhagyma
Albahaca	Bazsalikom
Atún	Tonhal
Azúcar	Cukor
Canela	Fahéj
Carne	Hús
Cebada	Árpa
Cebolla	Hagyma
Ensalada	Saláta
Espinacas	Spenót
Fresa	Eper
Jugo	Gyümölcslé
Leche	Tej
Limón	Citrom
Menta	Menta
Nabo	Fehérrépa
Pera	Körte
Sal	Só
Sopa	Leves
Zanahoria	Sárgarépa

Comida #2
Élelmiszer # 2

Alcachofa	Articsóka
Almendra	Mandula
Apio	Zeller
Arroz	Rizs
Berenjena	Padlizsán
Cereza	Cseresznye
Chocolate	Csokoládé
Girasol	Napraforgó
Huevo	Tojás
Jengibre	Gyömbér
Kiwi	Kivi
Manzana	Alma
Pan	Kenyér
Plátano	Banán
Pollo	Csirke
Queso	Sajt
Tomate	Paradicsom
Trigo	Búza
Uva	Szőlő
Yogur	Joghurt

Conduciendo
Vezetés

Accidente	Baleset
Calle	Utca
Camión	Kamion
Coche	Autó
Combustible	Üzemanyag
Frenos	Fékek
Garaje	Garázs
Gas	Gáz
Licencia	Engedély
Mapa	Térkép
Motocicleta	Motorkerékpár
Motor	Motor
Peatonal	Gyalogos
Peligro	Veszély
Policía	Rendőrség
Seguridad	Biztonság
Transporte	Szállítás
Tráfico	Forgalom
Túnel	Alagút
Velocidad	Sebesség

Creatividad
Kreativitás

Artístico	Művészi
Autenticidad	Hitelesség
Claridad	Világosság
Dramático	Drámai
Emociones	Érzelmek
Espontáneo	Spontán
Expresión	Kifejezés
Fluidez	Folyékonyság
Habilidad	Készség
Ideas	Ötletek
Imagen	Kép
Imaginación	Képzelet
Impresión	Benyomás
Inspiración	Ihlet
Intensidad	Intenzitás
Intuición	Intuíció
Inventivo	Találékony
Sensación	Szenzáció
Visiones	Víziók
Vitalidad	Életerő

Cuerpo Humano
Emberi Test

Barbilla	Áll
Boca	Száj
Cabeza	Fej
Cara	Arc
Cerebro	Agy
Codo	Könyök
Corazón	Szív
Cuello	Nyak
Dedo	Ujj
Hombro	Váll
Lengua	Nyelv
Mano	Kéz
Nariz	Orr
Ojo	Szem
Oreja	Fül
Piel	Bőr
Pierna	Láb
Rodilla	Térd
Sangre	Vér
Tobillo	Boka

Deporte
Sport

Atleta	Atléta
Baile	Tánc
Capacidad	Képesség
Ciclismo	Kerékpározás
Cuerpo	Test
Deportes	Sport
Dieta	Diéta
Entrenador	Edző
Estiramiento	Nyújtás
Fuerza	Erő
Huesos	Csontok
Maximizar	Maximalizálás
Metabólico	Metabolikus
Músculos	Izmok
Nadar	Úszni
Nutrición	Táplálkozás
Programa	Program
Resistencia	Kitartás
Respirar	Lélegezni
Salud	Egészség

Diplomacia
Diplomácia

Asesor	Tanácsadó
Comunidad	Közösség
Conflicto	Konfliktus
Cooperación	Együttműködés
Diplomático	Diplomáciai
Discusión	Vita
Embajada	Nagykövetség
Embajador	Nagykövet
Extranjero	Külföldi
Ética	Etika
Gobierno	Kormány
Humanitario	Humanitárius
Idiomas	Nyelvek
Integridad	Integritás
Justicia	Igazságosság
Política	Politika
Resolución	Felbontás
Seguridad	Biztonság
Solución	Megoldás
Tratado	Szerződés

Disciplinas Científicas
Tudományos Tudományágak

Anatomía	Anatómia
Arqueología	Régészet
Astronomía	Csillagászat
Biología	Biológia
Bioquímica	Biokémia
Botánica	Botanika
Ecología	Ökológia
Fisiología	Fiziológia
Geología	Geológia
Inmunología	Immunológia
Lingüística	Nyelvészet
Mecánica	Mechanika
Meteorología	Meteorológia
Mineralogía	Ásványtan
Neurología	Neurológia
Psicología	Pszichológia
Química	Kémia
Sociología	Szociológia
Termodinámica	Termodinamika
Zoología	Állattan

Días y Meses
Napok és Hónapok

Abril	Április
Agosto	Augusztus
Año	Év
Calendario	Naptár
Domingo	Vasárnap
Enero	Január
Febrero	Február
Jueves	Csütörtök
Julio	Július
Junio	Június
Lunes	Hétfő
Martes	Kedd
Mes	Hónap
Miércoles	Szerda
Noviembre	November
Octubre	Október
Sábado	Szombat
Semana	Hét
Septiembre	Szeptember
Viernes	Péntek

Ecología
Ökológia

Clima	Éghajlat
Comunidades	Közösségek
Diversidad	Sokféleség
Especie	Faj
Fauna	Fauna
Flora	Növényvilág
Global	Globális
Hábitat	Élőhely
Marino	Tengeri
Natural	Természetes
Naturaleza	Természet
Pantano	Mocsár
Plantas	Növények
Recursos	Források
Sequía	Aszály
Sostenible	Fenntartható
Supervivencia	Túlélés
Variedad	Fajta
Vegetación	Növényzet
Voluntarios	Önkéntesek

Edificios
Épületek

Albergue	Szálló
Apartamento	Lakás
Cabina	Kabin
Castillo	Vár
Cine	Mozi
Embajada	Nagykövetség
Escuela	Iskola
Estadio	Stadion
Fábrica	Gyár
Garaje	Garázs
Granero	Pajta
Granja	Gazdaság
Hospital	Kórház
Hotel	Szálloda
Laboratorio	Laboratórium
Museo	Múzeum
Supermercado	Szupermarket
Teatro	Színház
Torre	Torony
Universidad	Egyetem

Energía
Energia

Batería	Akkumulátor
Calor	Hő
Carbono	Szén
Combustible	Üzemanyag
Contaminación	Szennyezés
Diesel	Dízel
Electrón	Elektron
Eléctrico	Elektromos
Entropía	Entrópia
Fotón	Foton
Gasolina	Benzin
Hidrógeno	Hidrogén
Industria	Ipar
Motor	Motor
Nuclear	Nukleáris
Renovable	Megújuló
Sol	Nap
Turbina	Turbina
Vapor	Gőz
Viento	Szél

Enfermedad
Betegség

Abdominal	Hasi
Alergias	Allergia
Bienestar	Wellness
Contagioso	Fertőző
Corazón	Szív
Crónica	Krónikus
Cuerpo	Test
Débil	Gyenge
Genético	Genetikai
Hereditario	Örökletes
Huesos	Csontok
Inflamación	Gyulladás
Inmunidad	Immunitás
Lumbar	Ágyéki
Neuropatía	Neuropátia
Pulmonar	Tüdő
Respiratorio	Légzés
Salud	Egészség
Síndrome	Szindróma
Terapia	Terápia

Especias
Fűszerek

Agrio	Savanyú
Ajo	Fokhagyma
Amargo	Keserű
Anís	Ánizs
Azafrán	Sáfrány
Canela	Fahéj
Cebolla	Hagyma
Clavo	Szegfűszeg
Comino	Kömény
Curry	Curry
Dulce	Édes
Hinojo	Édeskömény
Jengibre	Gyömbér
Nuez Moscada	Szerecsendió
Pimentón	Paprika
Pimienta	Bors
Regaliz	Édesgyökér
Sabor	Íz
Sal	Só
Vainilla	Vanília

Familia
Család

Abuela	Nagymama
Abuelo	Nagyapa
Antepasado	Ős
Esposa	Feleség
Hermano	Testvér
Hija	Lánya
Infancia	Gyermekkor
Madre	Anya
Marido	Férj
Materno	Anyai
Nieto	Unoka
Niño	Gyermek
Niños	Gyermekek
Padre	Apa
Paterno	Apai
Primo	Unokatestvér
Sobrina	Unokahúg
Sobrino	Unokaöcs
Tía	Néni
Tío	Nagybácsi

Filantropía
Filantrópia

Caridad	Jótékonyság
Comunidad	Közösség
Contactos	Kapcsolatok
Donar	Adományoz
Finanzas	Pénzügy
Fondos	Alapok
Generosidad	Nagylelkűség
Gente	Emberek
Global	Globális
Grupos	Csoportok
Historia	Történelem
Honestidad	Őszinteség
Humanidad	Emberiség
Juventud	Ifjúság
Metas	Célok
Misión	Küldetés
Necesitar	Szükség
Niños	Gyermekek
Programas	Programok
Público	Nyilvános

Física
Fizika

Aceleración	Gyorsulás
Átomo	Atom
Caos	Káosz
Densidad	Sűrűség
Electrón	Elektron
Fórmula	Képlet
Frecuencia	Frekvencia
Gas	Gáz
Gravedad	Gravitáció
Magnetismo	Mágnesesség
Masa	Tömeg
Mecánica	Mechanika
Molécula	Molekula
Motor	Motor
Nuclear	Nukleáris
Partícula	Részecske
Químico	Kémiai
Relatividad	Relativitás
Universal	Egyetemes
Velocidad	Sebesség

Flores
Virágok

Amapola	Mák
Caléndula	Körömvirág
Diente de León	Pitypang
Gardenia	Gardénia
Girasol	Napraforgó
Hibisco	Hibiszkusz
Jazmín	Jázmin
Lavanda	Levendula
Lila	Halványlila
Lirio	Liliom
Magnolia	Magnólia
Margarita	Százszorszép
Narciso	Nárcisz
Orquídea	Orchidea
Peonía	Bazsarózsa
Pétalo	Szirom
Ramo	Csokor
Rosa	Rózsa
Trébol	Lóhere
Tulipán	Tulipán

Formas
Alakzatok

Arco	Ív
Bordes	Élek
Cilindro	Henger
Círculo	Kör
Cono	Kúp
Cuadrado	Négyzet
Cubo	Kocka
Elipse	Ellipszis
Esfera	Gömb
Esquina	Sarok
Hipérbola	Hiperbola
Lado	Oldal
Línea	Vonal
Oval	Ovális
Pirámide	Piramis
Polígono	Poligon
Prisma	Prizma
Rectángulo	Téglalap
Ronda	Kerek
Triángulo	Háromszög

Fruta
Gyümölcs

Aguacate	Avokádó
Albaricoque	Sárgabarack
Baya	Bogyó
Cereza	Cseresznye
Coco	Kókuszdió
Frambuesa	Málna
Guayaba	Gujávafa
Kiwi	Kivi
Limón	Citrom
Mango	Mangó
Manzana	Alma
Melocotón	Őszibarack
Melón	Dinnye
Naranja	Narancs
Nectarina	Nektarin
Papaya	Papaja
Pera	Körte
Piña	Ananász
Plátano	Banán
Uva	Szőlő

Fuerza y Gravedad
Erő és Gravitáció

Centro	Központ
Descubrimiento	Felfedezés
Dinámico	Dinamikus
Distancia	Távolság
Eje	Tengely
Expansión	Terjeszkedés
Física	Fizika
Fricción	Súrlódás
Impacto	Hatás
Magnetismo	Mágnesesség
Magnitud	Nagyság
Mecánica	Mechanika
Órbita	Pálya
Peso	Súly
Planetas	Bolygók
Presión	Nyomás
Propiedades	Tulajdonságok
Tiempo	Idő
Universal	Egyetemes
Velocidad	Sebesség

Geografía
Földrajz

Altitud	Magasság
Atlas	Atlasz
Ciudad	Város
Continente	Kontinens
Hemisferio	Félteke
Isla	Sziget
Latitud	Szélesség
Longitud	Hosszúság
Mapa	Térkép
Mar	Tenger
Meridiano	Meridián
Montaña	Hegy
Mundo	Világ
Norte	Észak
Oeste	Nyugat
País	Ország
Región	Vidék
Río	Folyó
Sur	Dél
Territorio	Terület

Geología
Geológia

Ácido	Sav
Calcio	Kalcium
Capa	Réteg
Caverna	Barlang
Continente	Kontinens
Coral	Korall
Cristales	Kristályok
Cuarzo	Kvarc
Erosión	Erózió
Estalactita	Cseppkő
Estalagmitas	Sztalagmitok
Fósil	Fosszilis
Géiser	Gejzír
Lava	Láva
Meseta	Fennsík
Piedra	Kő
Sal	Só
Terremoto	Földrengés
Volcán	Vulkán
Zona	Zóna

Geometría
Geometria

Altura	Magasság
Ángulo	Szög
Cálculo	Számítás
Curva	Ív
Diámetro	Átmérő
Dimensión	Dimenzió
Ecuación	Egyenlet
Horizontal	Vízszintes
Lógica	Logika
Masa	Tömeg
Mediana	Medián
Número	Szám
Paralelo	Párhuzamos
Proporción	Arány
Segmento	Szegmens
Simetría	Szimmetria
Superficie	Felület
Teoría	Elmélet
Triángulo	Háromszög
Vertical	Függőleges

Gobierno
Kormányzat

Civil	Polgári
Constitución	Alkotmány
Democracia	Demokrácia
Derechos	Jogok
Discurso	Beszéd
Discusión	Vita
Distrito	Kerület
Estado	Állam
Igualdad	Egyenlőség
Independencia	Függetlenség
Judicial	Bírósági
Justicia	Igazságosság
Ley	Törvény
Libertad	Szabadság
Líder	Vezető
Monumento	Emlékmű
Nacional	Nemzeti
Nación	Nemzet
Política	Politika
Símbolo	Szimbólum

Granja #1
Gazdaság #1

Abeja	Méh
Agricultura	Mezőgazdaság
Agua	Víz
Arroz	Rizs
Burro	Szamár
Caballo	Ló
Cabra	Kecske
Campo	Mező
Cuervo	Varjú
Fertilizante	Trágya
Gato	Macska
Heno	Széna
Miel	Méz
Perro	Kutya
Pollo	Csirke
Semillas	Magok
Ternero	Borjú
Tierra	Föld
Vaca	Tehén
Valla	Kerítés

Granja #2
2. Gazdaság

Agricultor	Gazda
Animales	Állatok
Cebada	Árpa
Colmena	Méhkas
Comida	Élelmiszer
Cordero	Bárány
Fruta	Gyümölcs
Granero	Pajta
Huerto	Gyümölcsös
Leche	Tej
Llama	Láma
Maíz	Kukorica
Oveja	Juh
Pastor	Pásztor
Pato	Kacsa
Prado	Rét
Riego	Öntözés
Tractor	Traktor
Trigo	Búza
Vegetal	Növényi

Herboristería
Herbalism

Ajo	Fokhagyma
Albahaca	Bazsalikom
Aromático	Aromás
Azafrán	Sáfrány
Calidad	Minőség
Culinario	Konyhai
Eneldo	Kapor
Estragón	Tárkony
Flor	Virág
Hinojo	Édeskömény
Ingrediente	Összetevő
Jardín	Kert
Lavanda	Levendula
Mejorana	Majoránna
Menta	Menta
Perejil	Petrezselyem
Planta	Növény
Romero	Rozmaring
Sabor	Íz
Verde	Zöld

Ingeniería
Műszaki

Ángulo	Szög
Cálculo	Számítás
Construcción	Építés
Diagrama	Diagram
Diámetro	Átmérő
Diesel	Dízel
Distribución	Eloszlás
Eje	Tengely
Energía	Energia
Estabilidad	Stabilitás
Estructura	Szerkezet
Fricción	Súrlódás
Fuerza	Erő
Líquido	Folyadék
Máquina	Gép
Medición	Mérés
Motor	Motor
Palancas	Karok
Profundidad	Mélység
Propulsión	Meghajtás

Jardinería
Kertészkedés

Agua	Víz
Botánico	Botanika
Clima	Éghajlat
Comestible	Ehető
Compost	Komposzt
Contenedor	Tartály
Especie	Faj
Estacional	Szezonális
Exótico	Egzotikus
Flor	Virág
Floral	Virágos
Follaje	Lombozat
Hoja	Levél
Huerto	Gyümölcsös
Humedad	Nedvesség
Manguera	Tömlő
Ramo	Csokor
Semillas	Magok
Suciedad	Piszok
Suelo	Talaj

Jardín
Kert

Arbusto	Bokor
Árbol	Fa
Banco	Pad
Césped	Gyep
Estanque	Tavacska
Flor	Virág
Garaje	Garázs
Hamaca	Függőágy
Hierba	Fű
Huerto	Gyümölcsös
Jardín	Kert
Malezas	Gyomok
Manguera	Tömlő
Pala	Lapát
Porche	Tornác
Rastrillo	Gereblye
Suelo	Talaj
Terraza	Terasz
Trampolín	Trambulin
Valla	Kerítés

Jazz
Dzsessz

Artista	Művész
Álbum	Album
Canción	Dal
Composición	Összetétel
Compositor	Zeneszerző
Concierto	Koncert
Estilo	Stílus
Énfasis	Hangsúly
Famoso	Híres
Favoritos	Kedvencek
Género	Műfaj
Improvisación	Improvizáció
Música	Zene
Nuevo	Új
Orquesta	Zenekar
Ritmo	Ritmus
Talento	Tehetség
Tambores	Dobok
Técnica	Technika
Viejo	Régi

La Empresa
A Cég

Calidad	Minőség
Creativo	Kreatív
Decisión	Döntés
Global	Globális
Industria	Ipar
Ingresos	Bevétel
Innovador	Innovatív
Inversión	Beruházás
Negocio	Üzleti
Posibilidad	Lehetőség
Presentación	Bemutatás
Producto	Termék
Profesional	Szakmai
Progreso	Haladás
Recursos	Források
Reputación	Hírnév
Riesgos	Kockázatok
Salarios	Bér
Tendencias	Trendek
Unidades	Egységek

Libros
Könyvek

Autor	Szerző
Aventura	Kaland
Colección	Gyűjtemény
Contexto	Kontextus
Dualidad	Kettősség
Escrito	Írott
Historia	Történet
Histórico	Történelmi
Humorístico	Tréfás
Inventivo	Találékony
Lector	Olvasó
Literario	Irodalmi
Narrador	Narrátor
Novela	Regény
Página	Oldal
Pertinente	Ide Vonatkozó
Poema	Vers
Poesía	Költészet
Serie	Sorozat
Trágico	Tragikus

Literatura
Irodalom

Analogía	Analógia
Análisis	Elemzés
Anécdota	Anekdota
Autor	Szerző
Biografía	Életrajz
Conclusión	Következtetés
Descripción	Leírás
Diálogo	Párbeszéd
Estilo	Stílus
Ficción	Fikció
Metáfora	Metafora
Narrador	Narrátor
Novela	Regény
Opinión	Vélemény
Poema	Vers
Poético	Költői
Rima	Rím
Ritmo	Ritmus
Tema	Téma
Tragedia	Tragédia

Los Medios de Comunicación
A Média

Actitudes	Attitűdök
Comercial	Kereskedelmi
Comunicación	Kommunikáció
Digital	Digitális
Edición	Kiadás
Educación	Oktatás
En Línea	Online
Financiación	Finanszírozás
Fotos	Fotók
Hechos	Tények
Industria	Ipar
Intelectual	Szellemi
Local	Helyi
Opinión	Vélemény
Periódicos	Újságok
Público	Nyilvános
Radio	Rádió
Red	Hálózat
Revistas	Magazinok
Televisión	Televízió

Mamíferos
Emlősök

Ballena	Bálna
Burro	Szamár
Caballo	Ló
Camello	Teve
Canguro	Kenguru
Cebra	Zebra
Conejo	Nyúl
Coyote	Prérifarkas
Delfín	Delfin
Elefante	Elefánt
Gato	Macska
Gorila	Gorilla
Jirafa	Zsiráf
Lobo	Farkas
Mono	Majom
Oso	Medve
Oveja	Juh
Perro	Kutya
Toro	Bika
Zorro	Róka

Matemáticas
Matematika

Aritmética	Számtan
Ángulos	Szögek
Cuadrado	Négyzet
Decimal	Tizedes
Diámetro	Átmérő
Ecuación	Egyenlet
Esfera	Gömb
Exponente	Kitevő
Fracción	Töredék
Geometría	Geometria
Números	Számok
Paralelo	Párhuzamos
Perímetro	Kerület
Perpendicular	Merőleges
Polígono	Poligon
Radio	Sugár
Rectángulo	Téglalap
Simetría	Szimmetria
Suma	Összeg
Triángulo	Háromszög

Mediciones
Mérések

Altura	Magasság
Ancho	Szélesség
Byte	Bájt
Centímetro	Centiméter
Decimal	Tizedes
Grado	Fokozat
Gramo	Gramm
Kilogramo	Kilogramm
Kilómetro	Kilométer
Litro	Liter
Longitud	Hossz
Masa	Tömeg
Metro	Mérő
Minuto	Perc
Onza	Uncia
Peso	Súly
Pinta	Pint
Profundidad	Mélység
Pulgada	Hüvelyk
Tonelada	Tonna

Meditación
Elmélkedés

Aceptación	Elfogadás
Atención	Figyelem
Bondad	Kedvesség
Calma	Nyugodt
Claridad	Világosság
Compasión	Együttérzés
Emociones	Érzelmek
Gratitud	Hála
Mental	Mentális
Mente	Elme
Movimiento	Mozgás
Música	Zene
Naturaleza	Természet
Observación	Megfigyelés
Paz	Béke
Pensamientos	Gondolatok
Perspectiva	Perspektíva
Postura	Testtartás
Respiración	Légzés
Silencio	Csend

Mitología
Mitológia

Arquetipo	Archetípus
Celos	Féltékenység
Cielo	Menny
Comportamiento	Viselkedés
Creación	Teremtés
Creencias	Hiedelmek
Criatura	Teremtmény
Cultura	Kultúra
Deidades	Istenségek
Desastre	Katasztrófa
Fuerza	Erő
Guerrero	Harcos
Héroe	Hős
Laberinto	Labirintus
Leyenda	Legenda
Monstruo	Szörny
Mortal	Halandó
Rayo	Villám
Trueno	Mennydörgés
Venganza	Bosszú

Moda
Divat

Bordado	Hímzés
Botones	Gombok
Boutique	Butik
Caro	Drága
Elegante	Elegáns
Encaje	Csipke
Estilo	Stílus
Mediciones	Mérések
Minimalista	Minimalista
Moderno	Modern
Modesto	Szerény
Original	Eredeti
Patrón	Minta
Práctico	Gyakorlati
Ropa	Ruházat
Sencillo	Egyszerű
Sofisticado	Kifinomult
Tejido	Szövet
Tendencia	Irányzat
Textura	Textúra

Mueble
Bútor

Alfombra	Szőnyeg
Almohada	Párna
Armario	Armoire
Banco	Pad
Cama	Ágy
Cojines	Párnák
Colchón	Matrac
Cortinas	Függönyök
Cómoda	Komód
Edredones	Paplanok
Escritorio	Íróasztal
Espejo	Tükör
Estantería	Könyvespolc
Estantes	Polcok
Futón	Futon
Hamaca	Függőágy
Lámpara	Lámpa
Silla	Szék
Sillón	Fotel
Sofá	Kanapé

Música
Zene

Armonía	Harmónia
Armónico	Harmonikus
Álbum	Album
Balada	Ballada
Cantante	Énekes
Cantar	Énekel
Clásico	Klasszikus
Coro	Kórus
Grabación	Felvétel
Improvisar	Rögtönöz
Instrumento	Eszköz
Melodía	Dallam
Micrófono	Mikrofon
Musical	Zenei
Músico	Zenész
Ópera	Opera
Poético	Költői
Ritmo	Ritmus
Tempo	Tempó
Vocal	Ének

Naturaleza
Természet

Abejas	Méhek
Animales	Állatok
Ártico	Sarkvidéki
Belleza	Szépség
Bosque	Erdő
Desierto	Sivatag
Dinámico	Dinamikus
Erosión	Erózió
Follaje	Lombozat
Glaciar	Gleccser
Niebla	Köd
Nubes	Felhők
Pacífico	Békés
Refugio	Menedék
Río	Folyó
Salvaje	Vad
Santuario	Szentély
Sereno	Derűs
Tropical	Trópusi
Vital	Létfontosságú

Negocio
Üzleti

Carrera	Karrier
Costo	Költség
Descuento	Kedvezmény
Dinero	Pénz
Empleado	Alkalmazott
Empleador	Munkáltató
Empresa	Vállalat
Fábrica	Gyár
Finanzas	Pénzügy
Impuestos	Adók
Inversión	Beruházás
Mercancía	Áru
Moneda	Valuta
Oficina	Iroda
Personal	Személyzet
Presupuesto	Költségvetés
Tienda	Üzlet
Trabajo	Munka
Transacción	Tranzakció
Venta	Eladás

Nutrición
Teljesítmény

Amargo	Keserű
Apetito	Étvágy
Calidad	Minőség
Calorías	Kalória
Carbohidratos	Szénhidrátok
Cereales	Gabonafélék
Comestible	Ehető
Dieta	Diéta
Digestión	Emésztés
Fermentación	Erjesztés
Hábitos	Szokások
Nutriente	Tápanyag
Peso	Súly
Proteínas	Fehérjék
Sabor	Íz
Salsa	Szósz
Salud	Egészség
Saludable	Egészséges
Toxina	Toxin
Vitamina	Vitamin

Números
Számok

Catorce	Tizennégy
Cero	Nulla
Cinco	Öt
Cuatro	Négy
Decimal	Tizedes
Diecinueve	Tizenkilenc
Dieciocho	Tizennyolc
Dieciséis	Tizenhat
Diecisiete	Tizenhét
Diez	Tíz
Doce	Tizenkettő
Dos	Kettő
Nueve	Kilenc
Ocho	Nyolc
Quince	Tizenöt
Seis	Hat
Siete	Hét
Trece	Tizenhárom
Tres	Három
Veinte	Húsz

Océano
Óceán

Alga	Alga
Anguila	Angolna
Arrecife	Zátony
Atún	Tonhal
Ballena	Bálna
Barco	Hajó
Camarón	Garnélarák
Cangrejo	Rák
Coral	Korall
Delfín	Delfin
Esponja	Szivacs
Mareas	Árapály
Medusa	Medúza
Ostra	Osztriga
Pescado	Hal
Pulpo	Polip
Sal	Só
Tiburón	Cápa
Tormenta	Vihar
Tortuga	Teknős

Paisajes
Tájképek

Cascada	Vízesés
Cueva	Barlang
Desierto	Sivatag
Estuario	Torkolat
Géiser	Gejzír
Glaciar	Gleccser
Iceberg	Jéghegy
Isla	Sziget
Lago	Tó
Laguna	Lagúna
Mar	Tenger
Montaña	Hegy
Oasis	Oázis
Pantano	Mocsár
Península	Félsziget
Playa	Strand
Río	Folyó
Tundra	Tundra
Valle	Völgy
Volcán	Vulkán

Países #1
Országok #1

Alemania	Németország
Argentina	Argentína
Bélgica	Belgium
Brasil	Brazília
Canadá	Kanada
Ecuador	Ecuador
Egipto	Egyiptom
España	Spanyolország
Finlandia	Finnország
Honduras	Honduras
India	India
Italia	Olaszország
Libia	Líbia
Malí	Mali
Marruecos	Marokkó
Nicaragua	Nicaragua
Noruega	Norvégia
Panamá	Panama
Polonia	Lengyelország
Venezuela	Venezuela

Países #2
Országok #2

Albania	Albánia
Australia	Ausztrália
Austria	Ausztria
Dinamarca	Dánia
Etiopía	Etiópia
Francia	Franciaország
Grecia	Görögország
Indonesia	Indonézia
Irlanda	Írország
Jamaica	Jamaica
Japón	Japán
Laos	Laosz
México	Mexikó
Pakistán	Pakisztán
Portugal	Portugália
Rusia	Oroszország
Siria	Szíria
Sudán	Szudán
Ucrania	Ukrajna
Uganda	Uganda

Pájaros
Madarak

Avestruz	Strucc
Águila	Sas
Cigüeña	Gólya
Cisne	Hattyú
Cuco	Kakukk
Cuervo	Varjú
Flamenco	Flamingó
Ganso	Liba
Garza	Gém
Gaviota	Sirály
Gorrión	Veréb
Halcón	Sólyom
Huevo	Tojás
Loro	Papagáj
Paloma	Galamb
Pato	Kacsa
Pelícano	Pelikán
Pingüino	Pingvin
Pollo	Csirke
Tucán	Tukán

Plantas
Növények

Arbusto	Bokor
Árbol	Fa
Bambú	Bambusz
Baya	Bogyó
Bosque	Erdő
Botánica	Botanika
Cactus	Kaktusz
Fertilizante	Trágya
Flor	Virág
Flora	Növényvilág
Follaje	Lombozat
Frijol	Bab
Hiedra	Borostyán
Hierba	Fű
Hoja	Levél
Jardín	Kert
Musgo	Moha
Pétalo	Szirom
Raíz	Gyökér
Vegetación	Növényzet

Profesiones #1
Foglalkozások #1

Abogado	Ügyvéd
Astrónomo	Csillagász
Atleta	Atléta
Bailarín	Táncos
Banquero	Bankár
Bombero	Tűzoltó
Cartógrafo	Térképész
Cazador	Vadász
Científico	Tudós
Doctor	Orvos
Editor	Szerkesztő
Embajador	Nagykövet
Enfermera	Ápoló
Entrenador	Edző
Geólogo	Geológus
Joyero	Ékszerész
Músico	Zenész
Pianista	Zongorista
Psicólogo	Pszichológus
Veterinario	Állatorvos

Profesiones #2
Foglalkozások #2

Astronauta	Űrhajós
Bibliotecario	Könyvtáros
Biólogo	Biológus
Cirujano	Sebész
Dentista	Fogorvos
Detective	Nyomozó
Filósofo	Filozófus
Fotógrafo	Fotós
Ilustrador	Illusztrátor
Ingeniero	Mérnök
Inventor	Feltaláló
Investigador	Kutató
Jardinero	Kertész
Lingüista	Nyelvész
Médico	Orvos
Periodista	Újságíró
Piloto	Pilóta
Pintor	Festő
Profesor	Tanár
Zoólogo	Zoológus

Psicología
Pszichológia

Clínico	Klinikai
Cognición	Megismerés
Comportamiento	Viselkedés
Conflicto	Konfliktus
Ego	Én
Emociones	Érzelmek
Evaluación	Értékelés
Experiencias	Tapasztalatok
Ideas	Ötletek
Inconsciente	Eszméletlen
Infancia	Gyermekkor
Pensamientos	Gondolatok
Percepción	Észlelés
Personalidad	Személyiség
Problema	Probléma
Realidad	Valóság
Sensación	Szenzáció
Subconsciente	Tudatalatti
Sueños	Álmok
Terapia	Terápia

Química
Kémia

Alcalino	Lúgos
Ácido	Sav
Calor	Hő
Carbono	Szén
Catalizador	Katalizátor
Cloro	Klór
Electrón	Elektron
Enzima	Enzim
Gas	Gáz
Hidrógeno	Hidrogén
Ion	Ion
Líquido	Folyadék
Metales	Fémek
Molécula	Molekula
Nuclear	Nukleáris
Oxígeno	Oxigén
Peso	Súly
Reacción	Reakció
Sal	Só
Temperatura	Hőmérséklet

Restaurante #1
Étterem #1

Alergia	Allergia
Café	Kávé
Cajero	Pénztáros
Camarera	Pincérnő
Carne	Hús
Cocina	Konyha
Comer	Enni
Comida	Élelmiszer
Cuchillo	Kés
Ingredientes	Összetevők
Menú	Menü
Pan	Kenyér
Picante	Fűszeres
Plato	Tányér
Pollo	Csirke
Postre	Desszert
Reserva	Foglalás
Salsa	Szósz
Servilleta	Szalvéta
Tazón	Tál

Restaurante #2
Étterem #2

Agua	Víz
Almuerzo	Ebéd
Aperitivo	Előétel
Bebida	Ital
Camarero	Pincér
Cena	Vacsora
Cuchara	Kanál
Delicioso	Finom
Ensalada	Saláta
Especias	Fűszerek
Fruta	Gyümölcs
Hielo	Jég
Huevos	Tojás
Pastel	Torta
Pescado	Hal
Sal	Só
Silla	Szék
Sopa	Leves
Tenedor	Villa
Verduras	Zöldségek

Ropa
Ruházat

Abrigo	Kabát
Blusa	Blúz
Bufanda	Sál
Camisa	Ing
Chaqueta	Dzseki
Cinturón	Öv
Collar	Nyaklánc
Delantal	Kötény
Falda	Szoknya
Guantes	Kesztyű
Joyas	Ékszerek
Moda	Divat
Pantalones	Nadrág
Pijama	Pizsama
Pulsera	Karkötő
Sandalias	Szandál
Sombrero	Kalap
Suéter	Pulóver
Vestido	Ruha
Zapato	Cipő

Salud y Bienestar #1
Egészség és Wellness #1

Activo	Aktív
Altura	Magasság
Bacterias	Baktériumok
Clínica	Klinika
Doctor	Orvos
Farmacia	Gyógyszertár
Fractura	Törés
Hambre	Éhség
Hábito	Szokás
Hormonas	Hormonok
Huesos	Csontok
Medicina	Orvosság
Músculos	Izmok
Piel	Bőr
Postura	Testtartás
Reflejo	Reflex
Relajación	Kikapcsolódás
Terapia	Terápia
Tratamiento	Kezelés
Virus	Vírus

Salud y Bienestar #2
Egészség és Wellness #2

Alergia	Allergia
Anatomía	Anatómia
Apetito	Étvágy
Caloría	Kalória
Dieta	Diéta
Digestión	Emésztés
Energía	Energia
Enfermedad	Betegség
Estrés	Stressz
Genética	Genetika
Higiene	Higiénia
Hospital	Kórház
Infección	Fertőzés
Masaje	Masszázs
Nutrición	Táplálkozás
Peso	Súly
Recuperación	Felépülés
Saludable	Egészséges
Sangre	Vér
Vitamina	Vitamin

Suministros de Arte
Művészeti Kellékek

Aceite	Olaj
Acrílico	Akril
Acuarelas	Akvarellek
Agua	Víz
Arcilla	Agyag
Borrador	Radír
Caballete	Festőállvány
Cámara	Kamera
Cepillos	Ecsetek
Colores	Színek
Creatividad	Kreativitás
Ideas	Ötletek
Lápices	Ceruzák
Mesa	Asztal
Papel	Papír
Pasteles	Pasztell
Pegamento	Ragasztó
Pinturas	Festékek
Silla	Szék
Tinta	Tinta

Tiempo
Idő

Ahora	Most
Antes	Előtt
Anual	Éves
Año	Év
Ayer	Tegnap
Calendario	Naptár
Década	Évtized
Día	Nap
Futuro	Jövő
Hora	Óra
Hoy	Ma
Mañana	Reggel
Mediodía	Dél
Mes	Hónap
Minuto	Perc
Momento	Pillanat
Noche	Éjszaka
Semana	Hét
Siglo	Század
Temprano	Korai

Tipos de Cabello
Haj Típusok

Blanco	Fehér
Brillante	Fényes
Calvo	Kopasz
Corto	Rövid
Delgada	Vékony
Gris	Szürke
Grueso	Vastag
Largo	Hosszú
Marrón	Barna
Negro	Fekete
Ondulado	Hullámos
Plata	Ezüst
Rizado	Göndör
Rizos	Fürtök
Rubio	Szőke
Saludable	Egészséges
Seco	Száraz
Suave	Puha
Trenzado	Fonott
Trenzas	Zsinór

Universo
Világegyetem

Asteroide	Aszteroida
Astronomía	Csillagászat
Astrónomo	Csillagász
Atmósfera	Légkör
Celestial	Égi
Cielo	Ég
Cósmico	Kozmikus
Ecuador	Egyenlítő
Galaxia	Galaxis
Hemisferio	Félteke
Horizonte	Horizont
Latitud	Szélesség
Longitud	Hosszúság
Luna	Hold
Oscuridad	Sötétség
Órbita	Pálya
Solar	Nap
Solsticio	Napforduló
Telescopio	Távcső
Visible	Látható

Vacaciones #2
Nyaralás #2

Aeropuerto	Repülőtér
Carpa	Sátor
Extranjero	Külföldi
Fotos	Fotók
Hotel	Szálloda
Isla	Sziget
Mapa	Térkép
Mar	Tenger
Montañas	Hegyek
Ocio	Szabadidő
Pasaporte	Útlevél
Playa	Strand
Reservas	Foglalások
Restaurante	Étterem
Taxi	Taxi
Transporte	Szállítás
Tren	Vonat
Vacaciones	Nyaralás
Viaje	Utazás
Visa	Vízum

Vehículos
Járművek

Ambulancia	Mentőautó
Autobús	Busz
Avión	Repülőgép
Balsa	Tutaj
Barco	Hajó
Bicicleta	Kerékpár
Camión	Kamion
Caravana	Lakókocsi
Coche	Autó
Cohete	Rakéta
Ferry	Komp
Furgoneta	Furgon
Helicóptero	Helikopter
Metro	Metró
Motor	Motor
Neumáticos	Gumik
Scooter	Robogó
Taxi	Taxi
Tractor	Traktor
Tren	Vonat

Verduras
Zöldségfélék

Ajo	Fokhagyma
Alcachofa	Articsóka
Apio	Zeller
Berenjena	Padlizsán
Brócoli	Brokkoli
Calabaza	Tök
Cebolla	Hagyma
Ensalada	Saláta
Espinacas	Spenót
Guisante	Borsó
Jengibre	Gyömbér
Nabo	Fehérrépa
Oliva	Olajbogyó
Patata	Burgonya
Pepino	Uborka
Perejil	Petrezselyem
Rábano	Retek
Seta	Gomba
Tomate	Paradicsom
Zanahoria	Sárgarépa

Enhorabuena

Lo has conseguido!

Esperamos que hayas disfrutado de este libro tanto como nosotros al diseñarlo. Nos esforzamos por crear libros de la máxima calidad posible.
Esta edición está diseñada para proporcionar un aprendizaje inteligente, de calidad y divertido!

¿Te ha gustado este libro?

Una Petición Sencilla

Estos libros existen gracias a las reseñas que se publican.
¿Podrías ayudarnos dejando una reseña ahora?
Aquí tienes un breve enlace a la página de reseñas

BestBooksActivity.com/Opiniones50

¡DESAFÍO FINAL!

Reto n°1

¿Estás listo para tu juego gratis? Los utilizamos siempre, pero no son tan fáciles de encontrar. ¡Aquí están los **Sinónimos**!
Escribe 5 palabras que hayas encontrado en los rompecabezas (#21, #36, #76) y trata de encontrar 2 sinónimos para cada palabra.

*Escriba 5 palabras del **Puzzle 21***

Palabras	Sinónimo 1	Sinónimo 2

*Escriba 5 palabras del **Puzzle 36***

Palabras	Sinónimo 1	Sinónimo 2

*Escriba 5 palabras del **Puzzle 76***

Palabras	Sinónimo 1	Sinónimo 2

Reto n°2

Ahora que te has calentado, escribe 5 palabras que hayas encontrado en los Puzzles 9, 17 y 25 e intenta encontrar 2 antónimos para cada palabra. ¿Cuántos puedes encontrar en 20 minutos?

*Escriba 5 palabras del **Puzzle 9***

Palabras	Antónimo 1	Antónimo 2

*Escriba 5 palabras del **Puzzle 17***

Palabras	Antónimo 1	Antónimo 2

*Escriba 5 palabras del **Puzzle 25***

Palabras	Antónimo 1	Antónimo 2

Reto n°3

¡Genial! Este desafío final 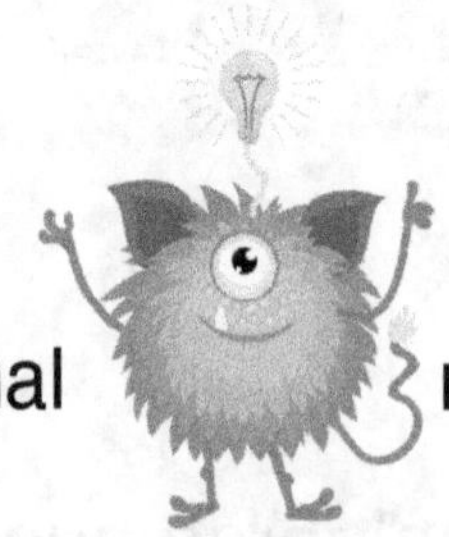 no es nada para ti.

¿Preparado para el reto final? Elige 10 palabras que hayas descubierto en los diferentes rompecabezas y escríbelas a continuación.

1.	6.
2.	7.
3.	8.
4.	9.
5.	10.

Ahora escribe un texto pensando en una persona, un animal o un lugar que te guste.

Puedes usar la última página de este libro como borrador.

Tu Composición:

CUADERNO DE NOTAS :

HASTA PRONTO !

Todo el Equipo

www.ingramcontent.com/pod-product-compliance
Lightning Source LLC
Chambersburg PA
CBHW081703120626
46550CB00010B/3002
* 9 7 9 8 8 9 6 7 0 3 5 4 9 *